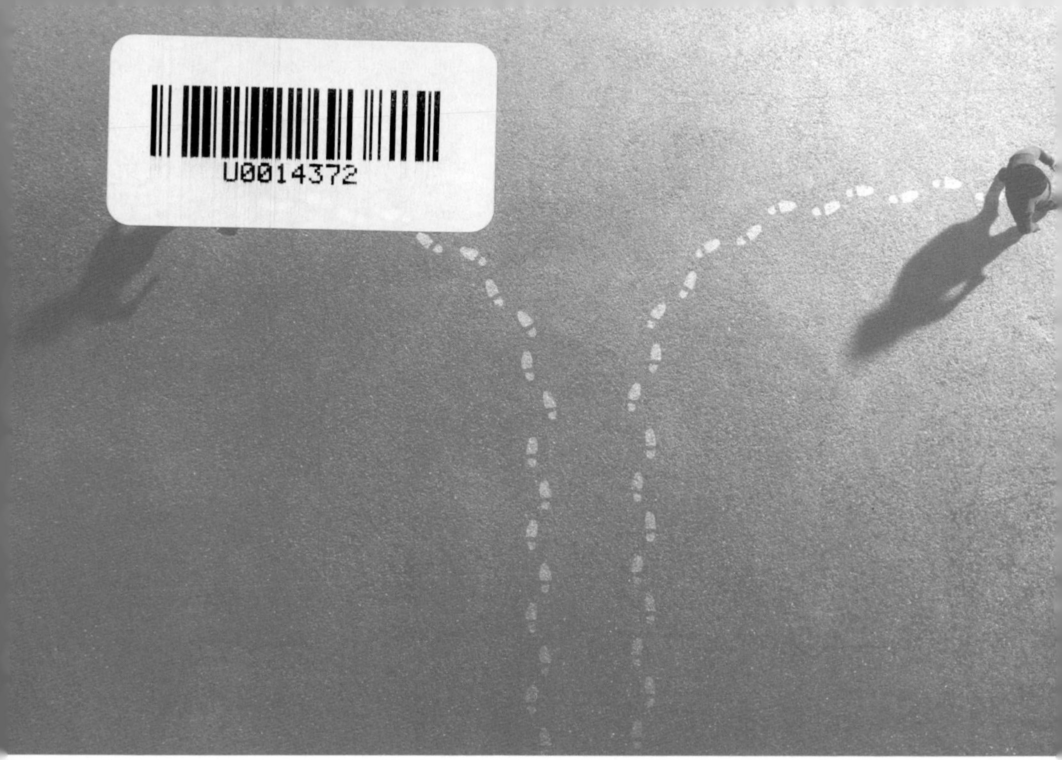

關係斷捨離

當相處感到心累，如何留下守候、如何灑脫放手？

美國心理治療大師
DAVID RICHO
大衛·里秋——著
尤可欣——譯

READY

HOW TO KNOW WHEN TO G
AND WHEN TO STA

目錄

專文推薦

天機可測——掌握該去還是該留的時機

張宏秀

人生離不開選擇去留的決定。在人際關係、職場及各種選擇中，我們一定都會面臨要決定「是去還是留」的場合。生命中有的去留由別人決定，有的去留由自己選擇。到底該去？該留？如何決定？這常是人生的兩難！但人生的不幸，常因為該離不離、該留不留而起——該離去時，卻沒有力量往前行；該留下時，卻走得太快。

到底該何時離去，使生命前行？何時該留下，讓生命加深？離開或留下的時機又是什麼？因此，「時機」（Timing）就是本書的關鍵字！作者里秋博士以五十年的專業經驗，提供決定去留時機的解說及分析，協助讀者突破去留之間的困境！作者指出，去或留取決於「時機成熟」，而時機與「時間」息息相關，時機是指適當的時間，即是去留「最正確的時刻」。華人相信成功不離「天時、地利、人和」，天時被置於首位！天時被喻為「天機」，天機真的難知難測嗎？在現代心理學的加持下，藉由作者提供的引導及評估方式，讀者必能掌握時機的資訊與思維。而在靈性層次上，作者對辨識天機、活出天命間的關係有精彩的指點。

掌握時機的核心是「準備就緒」。時機形成可以是漸進或突發的：前者經過成熟的過程，後者看似憑空發生，其實已經醞釀多時！去留的時機，在於當事人是否準備好了？如果準備好了，就能不受經驗包袱及環境因素的杯葛，大步前行而進入新階段。如果準備好了，就不至於在時機尚未成熟時，倉促地離開。

因此，里秋博士提出慎思「準備就緒」的條件：你是否已看清狀況？你願意為展開行動準備嗎？你擁有行動需要的條件嗎？你真的願意採取行動？而在靈性的層次上，作者認為時機就是「奧祕」！他引用〈聖詠〉（詩篇）23篇闡釋：擁有了時機，無論去或留都擁有宇宙同行相伴的「恩寵」，即使走過死蔭幽谷也不害怕，因為時機及其蘊含的恩寵與我們同在。

在關係中離不開的膠著處處可見，這可能是忍耐無止境的結果。從父母及社會文化中，學到面對痛苦只能忍耐。我們相信只要忍耐就會成功，甚至潛意識裡，覺得自己不配得到更好的。這是不健康的「忍耐」。但是健康的「容忍」可以帶動成長、改變、提供改善的可能性及希望，使人走向快樂。例如對病痛的容忍，來自求醫帶來改善的可能、恢復健康的希望。另外作者提醒，離不開可能是因為恐懼、童年的受傷情緒、缺乏安全感及歸屬感，以致我們無力面對該離開的事實，只能不斷自我安慰或自欺！

里秋博士建議讀者認真考量：我如果要離開，應有的條件是什麼？我如何準備離開？我真的確定無法留下嗎？我是否尊重自己的選擇？離開後知道如何照顧自己嗎？想要解決離不開的嚴重沾粘，首先要避免的是成為關係成癮、過度依賴、共依存的受害者。作者提醒，一定要去覺察是否關係中有某些「迫切需要」或無法控制的情緒？關係中的需要，與對親密的「渴望或飢渴」是不同的。因此，童年親子關係的問題需要被審視。其實，這就是人們總是搞不定離開或留下的「先天性障礙」。迫切感是來自童年極端未滿足的情感需要，被投射在成人關係中的補償作用。

你如何確認該留下來？里秋博士建議先把關係中的親密、承諾、自主的功課搞定。如果決定不留，必須確定不是因為你想逃避承諾，或害怕失去自由。當然，若是這段關係從開始就讓你束手無策、一直沒有突破或改善，這些就是無法留下的真實理由。留下來，絕不是因為你想要改變對方、拯救對方，或被某些因素所吸引。這些吸引因素永遠無法讓你在關係中得到平衡感。千萬不要自欺欺人，假裝一切都很好而留下，不去向專家求助，或面對自己不舒服、受傷的地方。

要尋找這個不舒服從哪裡來，需要把不舒服的感受與童年經驗作連結，因為這常是關係衝突的根源！留下後，更要以尊重的態度聆聽彼此的感受、立場、需要、促進協調與改變。所以，先把自己表達聆聽、情緒管理、心理界線、化解衝突、尊重與了解的功課做好，才是留下的原因！這樣一來，當改善程度不佳、決定離開時，當下的問題才不會被你帶到下一段關係裡。總之，離開一段食之無味、棄之可惜的關係，可以避免浪費生命、兩敗俱傷。

里秋博士強調，當你「準備就緒」時，才能與「天時」共振、並吸引「時機」。兩者是互動與互惠的雙向道，而非單行道。為「準備就緒」，你不只需要對外在的狀況保持覺察，更要對自己的狀態保持覺察。唯有建立自我覺察，內在智慧與直覺才能被善用。因此，我們要做自己經驗的觀察者，而非受害者；接納感受和體驗，而不自我批判或羞愧；信任自己能夠騰出內在的空間容納經驗和感受，又能與感受保持距離而不覺得威脅。

本書提供「篩選」的方法來擺脫決定去留的障礙，幫助讀者反思自己習慣的態度、觀點、思維方式及技巧，是否有些如過時的小鞋，需要汰換，以免耽誤時機。所以，哪些事物或關係需要保留或丟掉，值得我們探索及重新選擇。為了深入了解自己的選擇，找到決定去留的真正理由和動機，作者鼓勵我們去探索：我現在需要什麼？我擔心會發生什麼？我希望得到什麼？什麼失落讓我感到悲傷？

面對生命的重大決定，也是一種去留的選擇。如何認出改變的時機，與優先次序有關。先弄清楚什麼對自己最重要，這就是做選擇的原則。但是，就算做了掌握時機的選擇，有時結果也不盡完美。另外，我們容易對自己不夠信任、有所懷疑，因此就算看對時機並肯定選擇帶來的好結果，我們似乎仍需要有個人或一股力量來推自己一把。所以我們應當注意身邊的人對時機直接或間接的提醒。這些人或許是伯樂，或許有直覺，他們可能更了解我們。

我相信，當我們無法做出去留的決定時，就會產生模稜兩可的生命磁場，讓自己覺得被卡住而失去能量及動力、缺少喜樂與創造力、與內在智慧失聯，過著一種不冷不熱的生活。當「準備就緒」與「時機」互相吸引，我們就活在熱愛生命、心靈自由、清醒度日的狀態。我們必能活出真我、天命，做最好的自己！

本文作者為心理治療師、婚姻家族治療督導

專文推薦

關係中欲去還留的指引明燈

郭約瑟

心靈導師大衛．里秋又出招了，這次要帶領大家用放大鏡來審視自己生命中糾纏不情的人際關係，特別是親密關係，而且有著清楚明瞭的步驟。他也勸告大家，要放手，或是要續留，總得有一個思辨、努力與成長的過程。絕非衝動或隨性的決定，若是如同生命的賭徒，總是把一生的幸福完全擺在賭桌上梭哈，可想而知，這麼做的結果，面對命運這賭桌的大老闆，下場逃不掉兩手空空，甚至是落荒而逃。

美國神學家尼布爾著名的寧靜禱詞，會是本書的核心理念：「神啊！請賜我寧靜的心去接受無法改變的事，請賜我勇氣去改變所能改變的事，並請賜我智慧去明辨兩者的區別。」

禱詞三步驟的順序：接受、改變、明辨。不過本書作者提醒我們的順序應該是：明辨、改變、接受。

首先〈第一章：是什麼讓放手離開這麼難〉，作者提出許多思考架構，協助讀者釐清關係當中的問題所在，包括表面顯明與潛在暗處的問題，甚至有許多來自童年創傷所導致的陳年舊疾。此外，也有助於我們明辨這存在關係中眾多問題的可變性與無法改變的原因所在。這過程常需要專業的心理專業人員或心靈導師的協助，並藉助身邊的各種資源，提升個人智慧，才有辦法釐清與療癒特別處在陰暗處的傷口。

〈第二章：什麼能幫助我們繼續前進〉當中，作者同樣提供許多架構協助我們進一步探索、改變與勇敢解決能解決的問題，努力修復、互相調校、共同成長；〈第三章：當我們覺得自己無法留下〉，當在各種資源的協助之下，確定已經窮盡一切努力，則必須接受無法改變的事實，並耐心準備與等待離去的時機與過程。

〈第四章：做我們可以改善的事〉，作者也提醒我們無論留下或離去，都還是要成長，才能因此展開人生的新頁；〈第五章：時機的奧祕〉，這是最迷人的一章，作者展現靈性導師的風範，引經據典為我們解釋何謂恰當的時機。簡而言之，所謂去留的成熟時機，也就是當事人性格經過努力成長到接近成熟階段的時機。所謂性格成熟，或許如同以下要介紹的，等到習得人類理性盲點的解方之後，性格才有機會臻於成熟。

通常探索、明辨、勇於解決問題與接受現實的過程，也是個人成長的英雄旅程。人類雖然已經是地球上最完美的創造物，但心理科學家經過無數的研究發現，人類仍存在天生的理性盲點，簡明地說，就是自以為是（先入為主）、重蹈覆轍、短視近利與自欺欺人（合理化），這些盲點也在書中多有著墨。

至於如何經過學習來取得這些盲點的解方，同樣簡而言之，就是得透過與他人的互動過程才能習得，四項對治解方分別為同理心、寬恕、夢想與悔改。這些解方同樣也在書中有所探討。印證祖魯族諺語：「一個人要透過他人，才得以成人。」而四項對治解方是必須習得的，事實上也是展現彼此相愛的過程，因為愛，才願意同理對方的看法與感受；因為愛，才願意寬恕自己與寬恕對方，才能解開重蹈覆轍的陷阱；因為愛，才能持守共同的夢想；因為愛，才願意彼此痛改前非。作者在書中也有大篇幅在介紹愛的理念。

因此，可以這麼說，面對關係的問題，背後就是彼此成長經歷的衝突與磨合的過程，經過明辨彼此的問題之後，如有共識一起成長，那就勇敢地做出愛的承諾，共同面對與解決問題；一旦確定已盡全力，對未來破鏡重圓並未抱有共同的夢想，甚至堅定各執己見，或許必須寧靜地接受「放手」的現實。

很榮幸能提早閱讀此一關係處理領域的心靈經典，在此也鄭重推薦任何面對關係糾葛者本人或親人，甚至是協助處理的心理專業人員，都能從此著作中得到許多啟發。

本文作者為羅東聖母醫院精神科資深主治醫師

專文推薦

要走、還是要留？這是個能讓你更了解自己的大問題

蘇益賢

人生，基本上就是各種「決定」組成的。在諮商室裡，「要做什麼決定？」時常是個案帶入諮商歷程討論的焦點。從交友、婚姻，到工作、人生規劃，做決定一直都不是件容易的事。

不過，在回歸助人專業，「做什麼決定」時常不是心理師優先處理的焦點，此問題反而是個案在諮商之後要自己寫的功課。心理師的真正任務，是陪伴個案爬梳以下基本問題：這次「為什麼」是你要做決定？為什麼是這個「時間點」而不是更早或更晚？這次決定涉及到「哪些對象」？這個決定會影響到你生活的「哪些」層面？時常，在這些問題被仔細梳理後，個案就會慢慢看清楚自己內心真正的想法。

整體來說，能在關鍵的時間點，有智慧地做出該去或該留的決定，確實是人生的重

要課題。

在《關係斷捨離》一書中，作者大衛・里秋把本來看似「yes/no」的問題，兵分兩路，變成「為何去」與「何以留」的討論。有時，我們該做的決定是勇敢說再見；反之在其他時刻，我們其實應該要勇敢地留下來繼續努力，讓可能被改變的人事物有足夠的時間發生轉變。

不過，不管去或留，在面對決策時刻，決策的歷程帶給我們的，往往都是比較負面的情緒。離開熟悉的人事物，說再見讓人惆悵；同時，踏入新領域也讓人不安。留下來這個選擇，時常是讓人無力的，那是一種「想做些什麼改變，卻擔心可能無法改變什麼」的複雜感受；同時，我們也深知不踏出新的一步，就沒機會接觸到新的可能，這或許是「遺憾」出現的原因。

這麼說吧，如果每個決定都可能會讓我們不舒服，那麼做出智慧決策的關鍵，或許就不該仰賴「舒不舒服」，而是去思考：每個決策之後的不舒服，之於我們到底「值不值得」。

在我的書櫃中，早已放了幾本大衛・里秋過去的著作。這次欣見他將「去與留」，該怎麼決定，做完決定後又該如何調適的主題，變成讀者手上這本條理分明的好書。

除了剛才提到的主題之外，作者更將「時機」（timing）也帶入論述中。作者過去書籍十分強調「覺察」，本書也不例外。為了做出好的決定，持續且時常的自我覺察是非常重要的工具。事實上，做出決定後，事情其實還沒結束，我們仍需持續以自身感受為指南針，累積從中學到的經驗與感受到的感覺，以利我們未來做出下一個好決策。

這種思考歷程，不僅能用在人際關係裡，對於在職涯、人生狀態等領域感覺「卡住」的時候，這套架構或許都能提供我們一種往內探詢、自我整理的方向。

在與不同個案談論人生困境時，心理師多少都會從個案的過去經驗中，試著找到、發現一些蛛絲馬跡。特別是一種我稱為「複製、貼上」的現象：我們把某些過去學到的信念、做法，無意識地帶到此刻，想都沒想地「貼上」，而沒有發現到：其實「此刻」已經不同於「過去」了。過去有幫助的做法，到了新局面可能未必如我們所想的有用。這種現象在做決定時，也頗常出現。

想像一下，有人在遇到不適合自己的對象時，即便身邊朋友好說歹說幾百次，卻仍難以離開他；而在同一個世界裡，也有人在遇到這種狀況時，可以甩甩頭髮、乾淨俐落地說走就走，完全沒有猶豫和抉擇，即便這段關係其實存在著努力的空間。

因此，我認為「要走、還是要留」這類決策議題，其實是一面明鏡，是我們認識自己的好問題。為什麼我在遇到某些人事物時，特別容易陷入「去與留」的困境，而在其他時候，又沒有這麼困擾？在本書的引導下，讀者將有機會往自己的內心世界走一段路，去好奇、去發現許多複製、貼上。

如同大衛・里秋的過去著作，本書除了議題討論之外，作者信手捻來引用文學、詩與歌，並將不同心理治療、諮商學派的觀點，融合在書裡，相信能讓不同背景的讀者產生共鳴，透過閱讀對自己產生更多理解。在理解後，我們將有機會在未來做出讓自己覺得「更值得」的決定，並更有勇氣去面對、去接納與涵容決策之後的各種感受，從中吸取養分，帶到下一個需要勇敢做出決定的時刻。

本文作者為臨床心理師、初色心理治療所副所長
「心理師想跟你說」共同創辦人

獻給你們所有人，
我深深珍惜一九六六至一九六八年
我在格林威治的聖瑪麗學院與你們共處的時光。
我始終永遠把你們放在心裡。

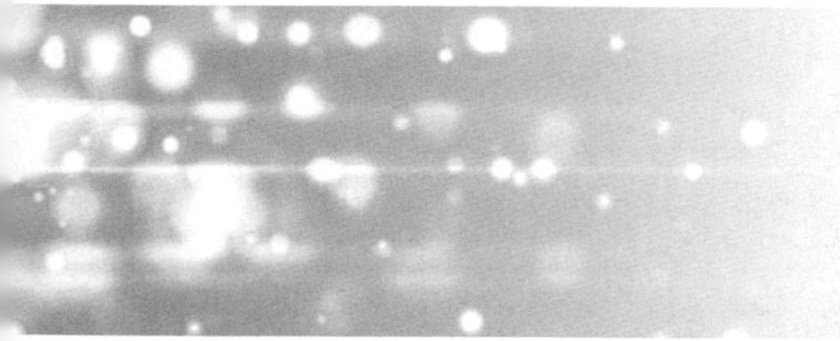

前言

待得太久，或者待得不夠久

為什麼我在那段關係中待了這麼久？
是什麼讓我一直執迷不悟？
為什麼我被困在那份工作中這麼多年？
我怎麼能夠忍受被這樣對待？
是什麼讓我如此害怕而無法放手離去？
我已經開始失去了，為什麼還願意繼續失去更多？
當情況不再適合我時，為什麼我不離開？
當僅剩的顯然非常不足，為什麼我可以甘於卑微？
為什麼我在匱乏不毛之地流連了這麼久？

在五十多年的心理治療師生涯中，我發現人們常面臨一個比其他任何問題都更頻繁出現的難題：在束手無策的狀態中「待得太久」。

我自己也會這樣，也許每個人都會如此？這裡所謂的束手無策，指的是人際關係、工作、困境、成癮、身體病痛、未解決的衝突、糾纏不清的家族狗血劇，或與宗教、組織、機構之間的關係——幾乎包括所有我們參與的事務。我們害怕離開我們的

「不適圈」，就像我們害怕離開「舒適圈」一樣！而真正的挑戰是：知道什麼時候該離開，然後在這覺知中採取行動。

另一方面，在生活中有時我們又「待得不夠久」，不留在一段仍可改善的關係或組織機構中同甘共苦。因此我們的挑戰是：知道什麼時候應該要停留久一些，等待彼此的連結提升以讓關係可以正常運作。

本書是關於我們人類故事中的兩種選擇：不要在束手無策的狀況中待得太久，而在可挽救的狀況中停留足夠久的時間。我們將發現這兩個主題與「我們是什麼樣的人」及「我們如何變成那樣的人」之間有很奇妙的連結。

探討留下和離開種種問題的核心，是本書第三個重點，而關於這一點，一切都取決於：**時機的奧祕**。本書中所談的時機，是關於一種及時性、一種最合適的時間；什麼是及時的？當我們說「時機已到」指的又是什麼？有時，讓我們在該走的時候留下來、該留下來的時候卻離開，原因並不完全在於選擇和行動，我們想知道，到底是什麼讓我們在周一、而不是周日或周二採取行動？

某種深藏於內在的時鐘可以準確告訴我們，什麼時候已經準備好離去、甚至什麼時候必須要離去，如果內在的時刻還沒到，催促或徘徊都沒用，我們無法提早在周日行動，也不能延遲到周二，現實生活中的一切都必須透過時間的考驗，沒有什麼可以凌駕於它。

總之，我們只會在準備好時才能離去或留下來，而準備好與否，取決於一個不在我們手中的計時器，事實上，「時機」才是決定我們去留的重要因素。本書幫助我們隨著最完美的時機到來，做出生活中重要的決定，然後依據時機的安排採取行動，如此一來，我們就可以進入一個新世界，在那裡，大門永遠不會砰一聲在我們面前關上，更不會上鎖，那是無處不在的「法之門」（Dharma gates），永遠不會對我們緊閉，所謂「法」（Dharma），指的是佛陀教導的開悟之道。

許多自助書籍和老師們可能會給我們一種印象：只要增強自己的力量，就可以自己決定留下或離開、可以立即採取行動、瞬間就能進入狀況或遠離困境、運用一種技巧就可以讓人生順利翻篇。這些策略有時可以奏效，但必須考慮一件最重要的事，一個對我們所有人來說都是不可解的奧祕：**你是否已經準備就緒**，也就是時機是否已經來到。時機不是魔術，它不會讓我們動起來，但當我們與它的訊號連上線時，確實可以讓我們展開行動。

當我們對於要留下或離開「做好準備」，那表示：

- 我們已看清到底發生了什麼。
- 我們已做好準備，適合展開行動。
- 我們具備了採取行動所需的一切條件。
- 我們願意採取行動。

如果要瞭解怎麼樣才算是做好準備、讓我們可以採取最佳的行動，最好先考慮兩種可能性：第一，我們不能離開是因為時機不對，這是一個必須尊重、難以改變的事實，我們還沒準備好醒來，是因為號角聲尚未響起，至少目前還沒有。

第二種可能性是，時機已經合適，但我們仍然不願離開，我們不顧內在的警鐘響著：「醒醒吧！」相反的，我們跑去睡覺；像這樣動彈不了可能意味著我們還沒有準備好去做選擇和採取行動，即使時機確實已經到來；然而這種狀況，與其說我們不願改變，不如說這是自己的選擇，我們陷入了惰性，處於休息狀態中的身體往往傾向於停滯不前。

以下是兩種可能性會產生的影響：

當我們……	我們就是……	於是我們懷疑……
在無能為力的狀態下待得太久	在忍受難以忍受的事	我們自己——也就是說，我們對自己內在的資源失去信心
不在可以改善的狀況下待久一點	無法忍受那些可以變得更好的狀況	愛的力量——也就是說，我們不相信人可以改變、成長，所有關係都可以更新並茁壯

「這一切的最大悲劇是，生命真的會與我們擦肩而過。」艾蜜莉．狄金生（Emily Dickinson）的這段話指出一種可能性：「它錯過了，而我們留下來。」時間消逝，而我們仍留在原地。當然，那段話也可能讓我們相信痛苦過去了，我們仍存在。然而，如果我們只是藉由這個真理來讓自己安於惰性，那就真的太可悲了。

在自然界中，「準備就緒」或「延遲」這樣的概念並不存在，因為一切都是持續發展變化著，一切都處於往前推移的模式；就像要進入冬眠的熊不會拖延，只會不斷準備著；同樣，睡著的嬰兒也不會停止成長；而縮時攝影更顯示了窗外的實心橡樹正經歷持續不斷的變化，我的樹不是立在那兒靜止不動，而是在流動著；了解我們對變化和流動的恐懼，可能有助於理解為什麼我們會拖延。

有趣的是，我們用來描述「當下」（current）的詞，就是來自拉丁文「流動」的意思；事實上，流動、進化、繼續前進在我們這個星球上無時無刻不在發生。在本書中，我們將找到一種方法效仿大自然的模式，讓一切持續推移和成長，並恰當及時；我們將思考如何整合內在資源並配合最適當的時機持續前進；我們會想辦法對過於忽視、或執著於時機的人說「是」；我們將研究如何做好準備、各自就位、並開始行動；**我們陷入的任何情況，都可能成為將我們從靜止不動中喚醒的鐘聲**。

以下是一些可能有風險的狀況，讓我們不敢繼續前進：

- 我們可能會受到伴侶的恐嚇，甚至威脅如果我們敢離開他，他將虐待我們。
- 我們可能會對離開一個好不容易才得到的工作感到難堪（恐懼的一種）。
- 我們可能因為害怕人們會怎麼看待我們做出這樣的選擇，而不敢往前。
- 我們可能會擔心最終將無處可去，或下場沒有比現在更好。
- 我們可能害怕離開後會感到非常內疚。

◆我們可能害怕讓我們所愛的人感到失望，或讓仰慕我們的人因為我們的行為而感到震驚、甚至憤怒。

正如所見，問題的一面是我們滯留的時間太長，另一面則是我們離開得太快，因此，本書將探討：如何在仍然可以解決問題、對我們仍有益處的關係或環境中待下來，我們將認識如何以及何時堅持待在原處是有價值的。

我們當中有些人習慣在一個地方待著不動太久，而另一些人則太過著急離開；當留在原地明明可以產生最好的結果時，是什麼複雜糾結的潛在原因，讓我們從伴侶關係或工作中倉皇逃脫？以下是可能的狀況：

◆我們可能陷入恐懼，或拒絕進入一種承諾關係。

◆我們不願將心和靈魂投入到一份關係、成員角色、職業、靈性功課中。

◆我們希望保有選擇的開放性、保持無憂無慮、保留隨時離開的能力，雖然這可說是一種自由，但也可能只是不願意堅持下去而已，不願盡一切努力去做某件事、堅持到底，直到產生一個對我們有益的結果，最好的例子就是養育子女的承諾，至少要承擔十八年的養育責任。

◆在一段關係中，我們可能害怕被對方完全看透、了解或占有。

◆我們可能害怕暴露自己的脆弱，而這正是親密關係得以萌芽發展並變得深刻的必要條件，事實上，「親密」（intimacy）這個詞正是來自拉丁文「深刻」的意思。

◆我們發現，要與某個人相處多年，必須在很深的層次上敞開自己，而這超過我們現在已準備的狀態。

◆我們發現伴侶徹頭徹尾的了解我們，而我們一直以來努力隱藏的，在這裡全都被攤在陽光下，讓我們忍不住想逃。

我們可以在不批判自己的情況下看清這一切，對任何人來說，全然投入承諾或完全顯露脆弱的確是讓人害怕的，但如果可以克服這些恐懼，將能夠幫助我們成長、擁有更完整的人性樣貌。

我們可以帶著興奮的心情（而不是恐懼）去期待這趟冒險的前景，可以帶著自我同理心來看待自己的逃避，並努力練習、實踐，讓自己擺脫恐懼和束縛自己的疑慮。

當然，我們在書中一起練習的，大多是探究、詢問，而不是得到確定的答案——畢竟這裡存在太多無法肯定的奧祕，然而，臣服於奧祕正是踏上英雄之旅最好的起點。我們將心理學的洞察力與來自各種傳統的靈性智慧結合，然後就會明白，這趟邁向完整的旅程本身就已經是完整的——就像我們自己。

你有沒有這樣的經驗，有時感覺想要離去，
同時又想要留下來？

——吉米・杜蘭特（Jimmy Durante）

第一章

是什麼讓放手離開這麼難

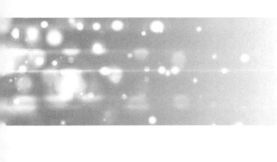

所有的經驗都顯示，人類寧願受苦，也不願透過糾正自己來矯正他們習慣的形式，因為總覺得邪惡是可以忍受的，但……這是他們的權利，也是他們的責任，去推翻這樣的統治者，為未來的安全提供新的保障。

——美國獨立宣言（U.S. Declaration of Independence）

在已經不起作用的事情上滯留太久，最終只會造成痛苦；而另一條途徑，就是改變條件讓事情變得更好，或退出不願改善的狀況。然而，這對我們大多數人來說並不容易，我們反而可能會在惡質或難以持續的狀況下徘徊不去——「傾向受苦」，我們可能會「習慣」於痛苦並一直陷於其中。

一直處於空轉模式的原因有很多，我們會這樣可能是因為：

◆ 我們陷入妄想、錯誤的信念、一廂情願的想法。
◆ 我們因為害怕改變而滯留不前。
◆ 我們認為生活就是要忍受而不是享受。
◆ 我們覺得有必要繼續嘗試。
◆ 我們可能守著一個讓自己迷失的希望，並且花了太長的時間。

佛家的一個中心教義就是要我們覺知事物無常的本質，看見我們執著於不斷消逝的事物時，將如何導致自己的痛苦；執著和滯留不前都與這種教導背道而馳，我們以為目前的狀況可以或必須永遠持續下去，而這都不過只是想像，我們相信恆久不變，然後表現得好像它是真理；事實上，我們對改變的恐懼，只是在逃避現實最根本的實相，因為變化就是生命的常態。

當我們害怕做出改變時，就是害怕進化、害怕那個改變的最主要目的：幫助我們成長；我們也否認了佛陀的教導，即幸福是一種理所當然的人生目標，我們堅持一種不快樂但熟悉的現狀，一種導致痛苦的執著。為了維持這種停滯不前的現況，我們否定了自己擁有幸福的權利，甚至緊抓著不幸；可悲的是，我們成了自己的掘墓人。

以下是發現我們已經陷入窒礙和困境中的一些方法：

在親密關係中：

- 我們陷入功能失調的僵局，卻一再容忍。
- 關係沒有活力，一切都變得陳舊而乏味。
- 既沒有舒適感，也沒有挑戰性。
- 伴侶雙方各自朝著不同的方向前進。
- 伴侶中的一方或雙方都對某些事成癮。
- 我們的感受和需求不被重視，也無法得到滿足。

◆信任消失了。
◆性行為不存在或很少發生。
◆除了持續的怨恨之外，一切都處於停頓狀態。
◆在我們的日常中，咆哮多於微笑。
◆我們好像只是室友，就像成年後對待原生家庭裡的家人那樣的相處。
◆我們不斷受到批判、責難、否認。
◆我們的家庭在情感上很貧乏，也並不想改善它。
◆我們家庭的成員要求優先、甚至已經優先於我們自己的人生選擇。
◆我們被賦予一種既定的角色，並被期待保持這種形象（也可能是我們把自己放在一個角色中，並留在其中）。
◆他們——甚至我們自己——都認為我們沒有權利過屬於自己的生活。

在友誼關係中：

◆我們不再以最深切的感情相互信任、相互啟發。
◆我們的互動讓人感覺更像競爭而不是滋養。

- 我們不再擁有許多共同點。
- 我們其中的一個人更像是治療師，而不是朋友。
- 我們被背叛了，而對方不願對破壞信任的行為負責。
- 我們都滿足於若有似無的聯繫。

在工作職場中：

- 我們沒有未來，沒有晉升的機會，沒有提升的空間，只是無止境的做著沒有進步機會的工作。
- 工作環境充滿競爭而不是合作的氣氛。
- 管理上缺乏公平或尊重。
- 我們的技能沒有得到發揮。
- 缺乏提升我們技能的培訓。
- 我們的薪水不公平。
- 我們無法信任管理階層或同僚。
- 即使沒有必要，我們也在拼命地工作。

我們的宗教信仰：

- 充滿限制和壓抑。
- 這些信念不是一個成年人想要遵守的。
- 道德觀基於恐懼或羞恥。
- 缺乏社會意識。
- 蔑視科學，或限制信徒抱持人類普遍認同的觀念。
- 認為主流的性取向或社會型態才是唯一可接受的。
- 宗教由權威統治，且不能被質疑。
- 存在著偏見，無法反映或支持我們自己的良知。

我們作為一個團體的成員：

- 對團體的使命失去興趣或承諾。
- 團體或政黨不再忠於它自己的宗旨原則。
- 我們對團體工作計畫明顯失去了興趣。
- 該計畫不再能讓我們覺得有挑戰性，我們已經超越了它。

通常我們都需要在對的時機做好準備，才能幫我們從這些困境中解脫出來。然而，如果在任何一段關係中有虐待的狀況發生，時機就不再重要，為了安全起見，我們應該要盡快脫離。

放手之後，通常隨之而來的就是繼續前行，雖然對任何人來說這兩樣都非常困難，然而它們卻是讓我們踏上眼前這條旅程的必要條件。如果發現自己害怕這兩件事，的確會讓人覺得氣惱，儘管如此，我們對於自己的恐懼，還是需要多一點同理心，這將是讓我們能更健康的改變自己的一個關鍵步驟。

艾蜜莉．狄金生在她的詩中提到：「死亡並不會傷害我們。」她用這個世界上兩種順應自然的鳥類來做比喻。有一種鳥類在寒冷的冬天會留下來，像那些跟牠們一樣堅毅的農民乞討麵包屑，而另外一種鳥類會在霜降之前，聰明的遷徙到別的地方，這些鳥都是順應本能在行動。詩人將那些留下來的鳥比作不願意改變的人類，即使生命遇到了酷寒時期，也不願遷徙到溫暖的海岸，她感嘆「我們就像那些留下來的鳥」——我曾考慮用這句話當作本書的書名。

到底是什麼，讓我們把時間壓縮在這麼酷寒的境界？「境界」（Limbo）這個字在拉丁文中代表的是「邊緣」，我們寧願在邊境徘徊，也不願跨越邊界進入新的境地。

到底是什麼，教我們把自己跟保持現狀綁在一起？到底是什麼，讓我們緊抓著現狀不放？為何我們寧願留在一條死巷子裡？為什麼我們總是猶豫不決、無所作為、被動消極？也許我們只是學習比較遲緩，但是在以下的章節中，我們會發現其他更複雜的原因，那同時也是我們的出口。

心靈尋求平衡——也就是結合兩極相反的元素，而不是停留在極端的一邊，心靈開始提升時，往往是找到了中間點，也就是介於兩端之間的第三個選擇，而這往往在時機成熟的時候發生——也就是產生了有意義的巧合。例如，在金髮姑娘與三隻熊的故事裡，金髮女孩離開家、展開旅程的時間點，剛好就在三隻熊煮好了粥、離開房子的那個早晨，金髮女孩如果早一點或晚一點出發，就不可能學到她應該要學習的事情，也就是說，金髮女孩在最正確的時機、有意義的巧合之下離開家。

她發現第一碗粥太燙、第二碗則太冷——在這裡展現了兩個極端的意義，讓我們每一個人都能夠明白，同時它們也引導金髮女孩找到介於這兩者之間的平衡點，也就是展現超越的第三種選擇。金髮女孩嘗試第一碗粥之後覺得不滿意，就直接換到第二碗粥去嘗試，然而對我們來說，這過程可能要花上十年、甚至二十年才願意開始轉變，然而，去尋找「剛剛好」的平衡點永遠都不嫌晚。

不足	剛剛好	過度
還不夠：我們可能會被困住	我們所屬的地方	太多：我們可能會被困住

當我們還沒準備好去面對或說出來

新月啊
其實關於我自己
我也隱藏了許多

在〈創世紀〉第9章中提到，挪亞（諾厄）★在帳篷裡喝得酩酊大醉，脫掉身上所有衣服，他的兒子含得知父親的狀況之後，站在帳篷外守衛，以免被其他人發現。含要求他的兩個兄弟進去處理這個麻煩，於是閃和雅弗（耶斐特）進去了，但他們是倒退著走進去，避免看到挪亞的窘態，然後他們把一塊布扔到父親身上，遮蔽他的裸體。這個

★編注：本書中的聖經名詞（如章名、人名等）在全書正文首次出現時，以基督新教、天主教之通用譯名對照的方式呈現，以便讀者閱讀。

故事描述的是「否認」在酗酒的狀況中如何操作，然而針對我們的主題，「否認」其實也以相同的方式運作著：

- 我們不直接面對問題，因為我們害怕看到它的嚴重性。
- 我們把一切都藏在家庭關係中。
- 我們要求別人為我們處理問題。
- 我們採取行動，但仍然不直接面對狀況。
- 我們進行掩蓋，並認為這麼做就沒問題了。
- 我們害怕認識自己與某人關係的真正本質。

所謂「做好準備」，指的是「認知」和「行動」。任何通往「行動」的道路，都始於「認知」到真正在發生的事情：如故事中含的狀況。但他們的下一步應該要採取有效的行動，幫助他們的父親進行復原的療程，但三兄弟中沒有一個成功，他們半吊子的做法起不了療癒的作用，一點益處都沒有。

舉些正面的例子：我們必須知道自己身體狀況夠好，才能去跑馬拉松，或我們必須先覺得自己適合親密連結，才能成功建立伴侶關係。然而事情往往沒那麼簡單，因為有時「不知」是因為「知道」的時機還沒到來。例如，我們可能需要一段時間才意識到自己是個內向的人，也只有到了這一刻，我們才能規劃出最適合自己的生活方式和伴侶關係。事實上，「知道的時刻」和「花時間」這些詞彙構成了本篇主題一個最基本的要素：時機。

在《局外人姊妹》（*Sister Outsider*）一書中，作者奧德雷・洛德（Audre Lorde）問道：「我到底有多大的能耐，可以直視著真相並毫不盲目地生活下去？……」她提醒我們，有一種「不知」是因為害怕去知道——即使那些是我們自己最深的需求、價值觀和願望。在這種狀況下，只有當安全感得到保證、或我們變得勇敢，而安全感已變得不那麼重要時，「時機」才開始來到。

害怕知道關於我們自己、或關於一段關係真相的恐懼，有時是隱藏在另一些恐懼之下。例如一位母親很難與成年的兒子建立聯繫，她害怕把心裡的話全盤托出、並要求他一起改善兩人之間的關係，她知道自己會聽到一些對他來說已經是老調重彈、但仍藏著一絲怨恨的話，母親知道自己不得不面對自己在兒子童年時造成的遺憾，而真正阻礙她的是，她擔心兩人的對話可能會讓兒子的抗拒和她自己的不足完全揭露出來，兩種恐懼最後合而為一：害怕知道他們的關係到底糟糕到什麼狀況。我們大多數人都與家人、同事、伴侶達成一種協議：「如果我不追根究底、破壞現狀，我們就不會沉沒。」這其實已經承認——儘管自己還沒有完全意識到，傾覆已經開始發生了。

像這樣的恐懼，也許可以稱為「對真相大白的恐懼」，如果真是這樣的話，它很容易觸發我們的傷痛，不如讓彼此都霧裡看花、不要釐清事實，而這也成為我們表達不出自己恐懼的最根本原因，它停留在久遠的過往經驗中，太遙遠而無法直視，隱藏在記憶的混沌中，叫不出名字。

為什麼我們拒絕知道自己生活困境的事實或真相？是什麼讓我們把全部的目光從痛苦上移開？其實有時我們並不是故意的，只是沒有理解、甚至沒有察覺到自己並不快樂，因為我們已經習慣了自己的不幸，我們已經習慣了痛苦，它只是我們心靈和身體的背景。在一段關係中，我們可能已經習慣被自己的伴侶誤傷，然後以某種莫名其妙的方式被撫平：沉默、無覺知的坐在寂靜的忘川（Lethe）——冥界陰鬱渾濁的遺忘之河岸邊。

從生命早年開始，一種嚴格的禁忌就強加在我們身上：禁止去認識真正的自己，我們只能根據父母或其他權威人物對我們嚴厲而侷限的描述來定義自己；試著認識自己的需求是被禁止的，只能被他人告知我們需要什麼，甚至被告知我們對自己的需求都有被滿足到，即使在內心深處我們知道事實並非如此。

了解自己的天賦和才能可能會導致父母皺眉頭，因為他們對我們的未來有別的規劃；在我們的家庭中，了解或表達我們的想法、我們的信仰、我們的性別認同、我們的性取向、我們的身體感覺、我們真正的熱情等等，都可能是危險的，以上這些如果不符合主流，我們就有成為棄兒的危險，會被送上通往孤獨、甚至地獄之火的快車。

知道自己擁有黑暗的一面，在一個家庭中絕對是危險的，因為在那裡，成為一個「好」男孩或「好」女孩是唯一安全的選擇。知道或表達我們自己是不同的，在一個家庭或任何堅持團結一致的群體中，可能是危險的。在童年時期、在我們擁有全然的自主權之前，只能去了解一些家人認為對我們來說是安全的事、感覺那些他們認為對我們來說是安全的感受、選擇他們認為安全的選項。因此，我們在這條認識自己獨特的定位、感受自己真正的感受，並依照它們展開行動的道路上被耽誤了。

每個人都必須透過自己最深的感受、需求、價值觀、願望和渴求來了解自己，如果在我們童年成長的家中，只有那些被我們的照顧者認可的，才是安全的、被准許去了解的，那麼，現在的我們要怎麼樣才能了解自己呢？所有這些限制都會阻礙我們的成長，無法為任何令人害怕的行動做好準備，甚至最後，所有的行動都會讓我們恐懼。

童年的禁忌以及缺乏自我認知，都可能延續到成年之後的生活，我們依舊不了解自己及自己的需求（兩者密切相關），甚至沒有意識到我們不了解。我們可能沒發現目前的生活狀況對自己來說是不可接受的，也許你會選擇這本書就是一個跡象，代表有些東西已經準備好需要去探索，那條通往自我認知的小徑毫無顧忌的直探底層，並且清楚知道此刻我們正位在迷霧叢林的哪一個位置。那麼，我們探索這座人生叢林的旅程，到底會為自己帶來什麼樣的機會呢？

在新約聖經中，聖腓力（斐理伯）問一個正在讀書的路人是否理解書中文本，〈使徒行傳〉（宗徒大事錄）8章31節中描述了路人的回答：「如果沒有人指教我，我怎麼能明白呢？」有時，我們的認知取決於他人的說明，而一個比我們更懂我們自己的人說的一句話，可能更能讓我們了解自己，從那些有智慧的朋友或指導者那裡，可能會發現我們自己真正想要的是什麼。這個人不是以批判而是以支持的方式認識我們，因此，我們內心對於自我探索或自我啟發不再帶著恐懼，透過這雙比我們看得更清楚的眼睛，我們可以看到自己。

然後讓我們反過來看，假設我們是清楚的一方，但不知如何幫助朋友認識他自己，然而只要給予信任，最終他將自己發現答案。我舉一個例子：我家旁邊是一個高爾夫球場，今天，我看到一袋球杆從一名球員的高爾夫球車後面掉下來，但他沒發覺繼續開走了，雖然我來不及提醒他、也追不上他，但我確信他很快就會發現。我知道他會在他自己的時機點發現，而無法在我的時機點幫助他發現，我所能做的就是幫他注意他的高爾夫球袋。我體認到這整個經驗可以作為關於時機的隱喻。有時，我們會在別人覺知之前先體認到真相，但仍然必須等待他們自己去發覺。

我們也許可以清楚的看見某位家人或朋友所處的狀況已經無可救藥，儘管他們還有很多其他的選擇，但不幸的是，我們的勸告只能傳達到他們的前額葉皮質（prefrontal cortex，大腦負責推理、評估功能的中心）；可是造成他們停滯不前的根源，在於掌控情緒的邊緣系統（limbic system），甚至是在儲存創傷的杏仁體（amygdala）中，言語無法傳遞到那麼深的地方。

時機不是我們能夠影響的，同樣，所有身心行動受限的因素都遠遠超過言語力量所及；我們用大腦皮質的語言說話，但恐懼卻用邊緣系統說話——這是兩種完全不同的語言，我們能做的只是在當下見證，並帶著希望，在這樣的見證下，我們展現了愛，因為我們能夠保持接受而不責難、允許而不干涉。

有時，我們在童年時聽到的告誡會成為一種阻礙，讓我們不去揭露自己的真實狀況和困難：堅持下去直到度過難關、像童話中的小火車頭一樣有志竟成、閉上嘴接受現實、永遠不要當個半途而廢的人、無論如何都不要放棄。

堅毅與韌性雖然是美德，但它們也可能成為我們的阻礙，讓我們窒礙不前；然而我們不需要為此責怪自己，因為有時、甚至常常，我們對自己的生活和困境一無所知。當我們在還沒準備好的時候，很難知道應該採取什麼行動，這是可以理解的，因為「知」和「行」必須配合恰當的時機，才能讓我們準備就緒。我們只有在真的準備好要行動的時候，才能了解行動的必要，而「了解」本身就是一種接受、一種開放性，會引導我們做好準備；相反的，「不了解」可能包含不讓自己感受事件和困境所產生的各種影響。

事實上，我們允許自己知道自己所處的狀況，通常與我們擁有多少資源去處理這個狀況有關。例如，虐待可能會讓我們陷入僵局，我們不去懷疑自己是否能夠容忍正在發生的事情，卻會懷疑自己改變的能力，在這樣的困境中，我們甚至不再認為改變是可能的。在接下來的內容中，我們將探討是怎樣的感受和狀況，導致我們看不清眼前通往新展望的道路和機會。

拉丁文中的「olim」一詞有三種含義。當它表示過去式，意思是「以往」、「曾經」；當它表示現在式時，意思是「已經有一段時間了」；而當它表示未來式時，意思是「自此之後」、「今後」。如果「時機」這個詞，也像這樣包含三種時態的話會如何呢？在這種情況下，當我們說「了解自己的時機」時，應該包括之前發生過、已經發生一段時間、以及將來可能發生的時機，這實在不是件容易的事。

關於「不了解」，還有最後一句話要補充：故意無知是某些人所做的不幸選擇。我們的選擇，應該都帶著想要瞭解更多的意願，以便讓事情可以轉變，或讓自己獲得真正的滿足。以下這兩種明顯而微妙的狀況，讓我們停留在黑暗與無知之中、阻礙了人生的旅程：

- 我們被情況誤導或誤解了情況。我們在職場或關係中聽到熄燈號，卻相信自己聽見起床號，我們不願意去聽那些響亮、清楚傳送給我們的訊息、不想看到全貌、不想要知道可能需要採取什麼樣的後續行動，特別是那些往前推進、改變或結束的行動。
- 我們希望負面情況會自行改變，或希望對方的行為很快就會變好，然而，**唯一配得上「希望」這個詞的，是開始改變而啟動的希望**。真正的希望是基於我們所看到的，而不是我們想要卻同時又否認現實。希望、一廂情願的想法和頑強否認有時是同一件事，但希望絕不只是安於現狀，而對未來沒有任何計畫。

走出傷害的第一步，是知道我們正在受傷、指認傷害的事實、揭開隱藏許久但仍然存在的傷口，把我們的話從「我必須留在原處」改成「讓我離開這裡」，而這種嚮往自由的衝動，只能從想要了解的意願開始，就像格林童話中的矮人妖的要求一樣，一定要精準無誤的唸出他的名字之後，願望才能實現。

> 當個體化發生時，整個形勢會拋開傳統的外殼，與真實赤裸裸的交鋒，沒有虛假的面紗或任何形式的裝飾。
>
> ——卡爾．榮格，《移情心理學》

我們的恐懼可能正在霸凌我們

恐懼是我們被困住的主要原因。當我們離開原處、大膽投入一個新的狀況時，可能會因為不知道生活會變成什麼樣而感到害怕，我們可能是對變化、對未來、對新的事物、對離開現狀和熟悉事物而感到恐懼，但這樣的恐懼其實還更深刻，可能是擔心自己獨自一人去闖蕩將無法生存，我們懷疑自己能不能夠自主，關於這個主題我們將在第三章中探討。進入一段關係或團體，可以讓我們從一個不相信自己能夠自我導航的世界，躲入舒適的避難所。

讓我們開始注意恐懼的原因，首先可以發現，我們所擁有的每一種恐懼，都是因為對可能發生的事情無法掌控、對無能為力感到害怕、對意外感到不適，我們懷疑自己內在的資源，我們完全被恐懼操縱，甚至相信只要能掌控一切就是安全的。於是，在生活的各個領域中，我們對於自我的感受完全都取決於自己掌控了多少，我們不相信順其自然，必須每一刻都掌握事情的發展。我們也認為跨越熟悉的門檻、離開「我們認識的魔鬼」、與「不認識的魔鬼」相遇是極為可怕的事，那個魔鬼的名字不是路西法，而是「放開控制」。

當我們把控制當作維持穩定的支點時，就自動否認了現實。例如，我們可以專心一致的控制我們的伴侶，以至於我們沒注意到，事實上自己處在一個非常不快樂的關係中。由於生命本身在各個層面上都是無法完全掌控的，因此，那些精心打造、「一切盡在掌控中」的家庭或職場生活，其實不過都是不堪一擊的紙牌屋。想要維持生活平衡，唯一可信任的支點，就是臣服於事實，這事實包括認知自己在一個無可救藥的狀況中待太久了。

所有形式的恐懼，都可能使我們不相信自己有繼續前進的能力，懷疑自己能否做出改變，且相信改變應該要無限期的推遲下去。恐懼讓我們命令自己必須等待更多的訊息、等待救援、等待其他人（例如一個已走到盡頭的關係中的伴侶）先開始採取行動，我們畏縮不前、怯懦、把事情擱置一旁，推遲、甚至為了拖延而放棄機會。我們停滯不前、猶豫不決，對我們應該做的決定搖擺不定，對心裡已經認可的選擇產生動搖。

我們把自己當成一個膽小害怕的孩子，不敢跨越那座搖晃的橋，從「現狀」走向「未來的可能性」，事實上，我們甚至確信根本沒有所謂「未來的可能性」，因為我們已經在自我放棄的灰燼中坐了這麼久，靈魂早就無法成為浴火鳳凰，無法在任何空地中看見即將綻放的新芽。

有時，我們對前進的恐懼會產生一種諷刺的轉折，我們相信留下來是必要的，因為我們不能獨自前行，我們無法與著內在的資源連結，比起主導自己的命運，我們更覺得自己像是迷失的靈魂。我們想像著如果不藉由他人或任何團體來定義自己，我們將變得一文不值。我們依靠過去曾擁有的，即使它們已不再滋養我們、只能讓我們不用面對向前邁進的恐懼。

一段關係、一個團體或政治組織、甚至邪教，都可能迎合這種恐懼並利用它。我們對向前邁進的恐懼可能基於膽怯、基於一種內在的體認（無論它是否正確）——我們相信無法靠自己一個人完成改變，所以要在周圍建立一種結構，無論是關係、宗教或是一種從屬關係，它會告訴我們該怎麼思考、怎麼行動。我們無法想像所有這些都可以靠我們自己完成。

這樣的誤解可以追溯到童年時期，當生活在一個很混亂的家庭中，即使我們覺得自己無法在其中生存，但又不能離開，所以我們依戀任何給予我們秩序感和安全感的事物。我們的家庭生活——或任何成年之後遭遇的問題——可能破壞了我們的穩定，讓我們陷入不安全感，而我們仍然無法自我穩定、無法重新站起來回到生活的正軌上，我們無所依靠，無法建構我們的經歷，找不出理解或解決它的辦法。然後，可能某個宗教組織或精神團體給了我們一個方向，一種理解世界、理解我們自己的方式，然而付出的代價是自我的獨立性，反正自主獨立正是我們所害怕的，我們只需要遵循組織的方針、無庸置疑的擁抱它的信念、遵守規範、尊重權威就好，我們錯將安全和保障當作必須放棄自主性的條件。

我們就好像是待在一個控管、培殖的環境——不但無法祝福並保有我們自己的個性，反而是消除它，以複製另一個我們。現在，我們在這世界的旋渦中終於有個可以緊抓著的東西，我們堅持著，感覺像是忠於那拯救我們的事物，所有這一切確實奏效了，但只是因為我們還不能獨自行動、思考或生活，而這不僅僅跟我們要付出的代價有關，這已經變成在我們居住的地方唯一能玩的遊戲。

那些受恐懼驅動的選擇都是非常專斷的：孤立或連結、混亂或服從。雖然沒有人強迫我們，但我們很高興找到了自認為是生存所需要的東西，因此，那些從他人角度來看根本只是害怕前進的狀況，對我們來說卻是滿足了需要，因為我們需要生存的安全感，而我們已經得到了。順從權威巧妙的變成等同於安全感，我們雖然沒有土地，現在卻好像被圈禁在一塊土地上，如同被禁足一般。

有一天，我們可能會發展自己的內在資源，擁有個人意識的自主性，並建構起適合自己的信念、性格、行為框架，然後就能擁有不同的選擇。例如在宗教信仰上，我們可以加入一個鼓勵自由的新宗教或團體，也可以完全離開，我們可以感激自己曾經隸屬的組織已經達成了目的，但目前已不再適合，我們可以將那些機構放在一邊，採用一種居家、社區型的信仰方式，保留積極正面的部分，不需要受別人的支配。或者，我們可以自己大步向前，同時仍然充分利用我們周圍的資源，當然，那些資源必須能夠尊重、珍惜和鼓勵我們的自由。

同時我們也要認知到，所有的選擇，都不必然比其他選擇更好，否則我們又回到了格列佛遊記中的小人國，一切都是那麼專斷，迫使格列佛的旅行戛然中止。

我們相信自己生來是為了忍受而不是為了幸福

我們當中有許多人都被教導在生活中最重要的是忍受痛苦，這種虛構的錯覺會成為支配我們做選擇的規條，讓我們在餘生中相信自己別無選擇，不配得到幸福。我們相信只有當自己能夠忍受痛苦的處境，之後才會變得堅強，我們甚至告訴自己這是「有付出才有收獲」，但即使沒有任何收獲，我們仍然不放棄。我們選擇忍受而不是前進——最後形成一種受虐的習慣。

沒有任何狀況或關係每分每秒都能帶來幸福。當難得的幸福降臨時，我們可能會暫時讓自己妥協，然後在追尋更多幸福的同時，仍然堅持忍耐。這些描述給了我們一個線索，說明健康忍受和不健康忍受痛苦之間的差異：忍受適當痛苦的能力，是強化自我、增加內在力量的墊腳石，例如我們在事故發生後忍受身體的疼痛，同時也信任物理治療的療程。在靈性意識上，這樣的妥協也能讓我們對那些像我們一樣受苦的人產生同理心，我們透過自己的傷口，看到其他人的傷口，而這也許是以前我們不曾注意到的。我們的視野帶來慈悲的行動，就如同見義勇為的人會根據他所看到的採取行動。

我們想起那熟悉的禱告：讓自己寧靜的接受無法改變的事，同時要有勇氣去改變可以改變的。我們願意花一段足夠的時間留在某個工作、關係、組織中，讓自己找到上述的平衡點，但當它無法實現時，我們便繼續往前。這裡有一個例子：我們在一段關係中忍受著自己的需求無法獲得滿足，接受那些無法改變的狀況，我們承諾接受伴侶諮商治療和任何其他資源，試圖做出改變，但是當我們試過所有方法，包括最新、最先進的自助技巧或治療之後，問題仍然無法改善時，就應該退出這段關係。

治療可以提供兩個很棒的選擇：我們可以找出屬於自己的真相，然後根據這個真相，獲得採取行動的勇氣。直接親身體驗現實是防止自我欺騙的解藥，而根據我們自己的現實生活狀況採取行動，則是避免陷入惰性的良方。

有時，「作為」並不是採取行動，而只是用心見證，直到我們被感動，並將注意力轉移到接下來的事情上。沒錯，有時我們確實必須等待被感動。

我們可能會認為自己在這裡忍受痛苦是理所當然的，因此麻痺了自己內在原本會提醒我們何時太過度的自然衡量機制，讓自己失去了界線感——特別是當我們被教導人生本來就不是為了要獲得成功而是要超脫，讓自己相信我們總是必須比目前的自己更好，而這其實是一種痛苦。我們甚至會失去到底誰才值得信任的判斷力，因為我們已經完全接受了一種態度，覺得自己在這裡就是要遭受痛苦或傷害，就像〈約伯記〉13章15節所說：「他雖殺我，但我必信靠他。」

在本章開頭「美國獨立宣言」的引言中，湯瑪斯．傑佛遜（Thomas Jefferson）提到，我們「寧願受苦，因為覺得邪惡是可以忍受的」。然而，我們是否真的是因為自己可以忍受，所以一直處於痛苦之中？「只要我還能夠忍受，那麼留下來就一定是對的。」我們沒有看清，這種能力並不等於明智的選擇，當我們執著於這種想法時，就斷除了自己獲得幸福的機會，制約已經超越了辨別力。

我們變得非常善於合理化事情，告訴自己「堅持」會塑造良好性格，我們否認在某些情況下堅持對我們並沒有益處。米特．羅姆尼（Mitt Romney）在二〇二〇年二月的一次演講中，談到他投票贊成彈劾唐納．川普的理由，幫助我們更深入理解自己為什麼會被合理化束縛：「我發現，在商業、同時也在政治中，當一些人或事符合個人的最大利益時，心智試圖將事情合理化、正當化的能力，會變得非常不尋常……我在別人身上看到這個現象，也在自己身上看到。」

「堅持」（endure）這個詞來自一個拉丁字，意思是「堅定」、「變得堅硬、冷酷」，而同一個拉丁字根給了我們「durance」這個詞，意思是「監禁」、「失去自由」。我們堅定的反對變化——也就是反對它帶來的自由。

堅持也是反進化，我們不求進步、停止行動——也就是讓一切保持原樣直到落幕，致力保持一切不變——這是一種反對成功的危險定義。進化就是要透過旅程邁向成功，不能一直容忍現狀，應該大膽而輕快的走向各種可能性，其中「輕快」（alacrity）這個詞的意思是「興高采烈」、「生氣勃勃」、「迅速做好準備」——多美妙的箴言！

許多人非常重視宗教中對於忍受痛苦的教導，例如典型新教倫理所強調的：努力工作是至高無上的價值；而在另一些宗教傳統中，苦難是通往天堂最可靠的門戶，然而諷刺的是，雖然幸福是被認可的目標，但只能發生在來世。

當我們忍受著不快樂時，會宣稱：「我付出太多了。」甚至認定，設下合理的界線是一種自私的行為，例如，在聖依納爵·羅耀拉（St. Ignatius of Loyola）所編寫的天主教禱詞中可以看到這種態度：

主啊，求祢教導我慷慨大方。
求祢教我盡祢應得的服事，
付出而不計較代價，
拼鬥而不在乎受傷，
辛勤勞碌而不求休養，
勞動而不求任何回報，
只需知道我在實現祢的旨意。

然而，像這樣完全放棄回報或無視自己能夠維持健康與理智的界線，是不健康的。禱詞中要求我們不要關心自己的傷口，只需要注意到受傷，然後將自己的犧牲奉獻調整到更合理的程度，它不承認我們需要休息，只提起聖經裡關於創世的故事中，上帝很高興在安息日歇工。

另外還有一個不那麼詩意的禱詞版本，比較重視維護我們的心理健康——如果要實現成長和完成神對我們的呼召，我們就必須確實做到這一點。所謂呼召是一種存活的意義，甚至比存活還要更宏大，它需要我們保持身心強健，而身體和心靈也是我們唯一必須保持健康和聖潔的工具。這段禱詞如下：

主啊，求祢教導我慷慨，
無吝惜的付出我可以付出的一切，
去拼鬥，同時也花時間療癒我自己和別人的傷口，
辛勤勞碌，同時享受休息，
勞動並感激而不是強求收穫。
像這樣在付出與自我關懷之間保持平衡、幫助我成就完整和健康，
我知道這是遵行祢的聖意。

這樣的祈禱，與那種否定自我的忍耐所倡導的，是完全不同的概念。與其相反，我們選擇的是平衡和幸福。讓我們回想約翰·彌爾頓（John Milton）的主張：「上帝與自然相同。」表明了成熟的宗教意識中，神聖意志並不與它所設計的人性互相矛盾。

許多宗教教義都說痛苦是一條通往救贖的道路，它確實可以是如此，例如當我們感受到一種召喚，要我們對自己或社會做出改革，即使要忍受焦慮折磨，我們都願意在這條道路上全力以赴，就像馬丁・路德・金恩（Martin Luther King Jr.）所做的，他忍受著煎熬，只為了讓我們所有人進入一個新世界，以更人性的方式對待自我與他人。他藉由痛苦作為繼續前進的動力，同時也保持一種喜悅和充滿希望的精神。這與留在原處忍受痛苦不同，這麼做並不會讓我們變得更人性化，也無法解救自己和他人；我們只是坐在看臺上看著別人從一壘推進到下一壘，而不親自下場參賽，讓自己跑完全壘。

我們想辦法留下，卻又保持疏離

我們有時會停留在一段關係或狀況中，因為我們找到一種更容易應付的方法。我們提出一項協議，然後試著去習慣它，例如在婚姻中，我們可能與伴侶以一種沒有親密互動的室友關係生活著，但兩人都無所謂，因為我們找到了一種同時可以在一起並保持距離的相處方式，想像緩和效應正在發揮作用，但實際上，我們的關係已經變得毫無生氣、走進死胡同——雖然短暫的停滯期對關係很有幫助，它就像一座橋梁，可以將關係帶往新的篇章。

有很多方法可以讓關係變得容易應付——讓我們看看兩種最可能發生的方式：找到可以讓自己分心的消遣，或為了報復而留在關係中。以上兩者都可以發現，我們雖然留在關係中，但實際上卻保持疏離：讓自己分心可以閃避親密關係，而報復則導致完全斷絕親密。兩者最後的結果都是留在一段無藥可救的關係中，並用盡各種對兩人都沒有任何益處的手段。

尋找並利用讓自己分心的消遣

在關係中失去火花的伴侶，可能會往外部尋求某件事或某個人，讓雙方在這痛苦難耐的處境中仍然可以堅持下去，關係中的第三者補償了缺失，讓那些已經無法忍受的還可以忍受下去，這個第三者擋在兩人之間，讓他們不必直接面對對方。而這裡所謂的第三者可以指的是工作事業、某個人、出軌的行為、過度關心孩子、嚴重的財務問題、寵物、金錢、疾病、成癮、怨恨，或任何無法擺脫的問題或狀況。

關係中的第三者主要的作用是分散伴侶注意力的焦點，讓雙方無法看到關係中實際發生的狀況、誠實檢視關係中缺少了什麼、並直視彼此和所有的不幸。當第三者出現，證明這段關係已經處在一個很糟糕的狀態，最明顯的例子就是伴侶有了外遇。

第三者可以作為指標，清楚表明正在發生的狀況，也就是那個誠實宣稱國王沒有穿衣服的聲音，而新的外遇出現，可以幫助關係中的一方或雙方了解這個關係已經或正在失去的東西。事實上，外遇的存在反而可以維持一段令人不滿意的婚姻，讓伴侶雙方能夠繼續容忍已經變得空虛的狀況，這個新出現的人反而會助長伴侶兩人在無藥可救的關係中待得更久。

當那個支撐關係的配角——外遇——結束時，婚姻裡長期累積的缺陷便開始變得顯而易見，伴侶雙方現在終於體驗到自己令人厭惡的真實樣貌，並願意依狀況開始進行治療或分居。原本介於兩人之間的第三者向他們展示了：兩人之間根本什麼都不存在！雖然不是每一個外遇都展現這樣的意義，但任何外遇都能揭示關係中一些真實的狀態。外遇不是一個讓我們認清失敗關係真相的健康方式，但有時它就是可以發揮作用。

有時所謂的「我們之間」，只是一座紙牌屋的唯一支撐，而它最後都將潰散。這適用於任何由已經不再存在的現實所維持的情況或關係：例如，如果我們對職業的執著是基於取悅配偶或父母，當他們離開時，我們與這個職業的連結也會結束；如果我們的宗教信仰基於取悅父母或祖父母，當他們去世之後，我們的宗教承諾也很快就消散；如果信仰來自家族血統，我們可能認為放棄它是一種不忠的行為，因此儘管我們不再相信教義或遵循規範，也不會徹底與它斷絕。因為當我們歸屬於一個反應自己身分來歷的團體時，可以感到安心，可以與整個家族一起慶祝儀典，我們留在當中是為了保有那份歸屬感、一種安全感的源泉，於是我們親近同時又與它保持距離。

待得夠久以達成報仇

一個人可以墜入愛河，但仍會恨。

——費奧德爾．杜斯妥也夫斯基（Fyodor Dostoyevsky）

我們不能忽視一個人在家庭或工作中滯留不前的一種陰險動機，它的毒性可能非常強大，讓一方或雙方留下來，只是為了過去受的傷害而報復另一個人，而這種狀況同樣可以發生在我們討厭的職場或任何團體中，只是因為在其中我們覺得自己不受尊重。通常報復的動機，是基於長期累積的怨恨或一長串不同的怨懟清單，而這種惡性的動機可以讓人相處在一起好多年，也可能讓人留在職場或團體中，導致每個人都痛苦。

在一段有毒的關係或團體中，我們可能會對其他人產生仇恨的感覺，而仇恨有四個致命的成分：強烈的敵意、惡意、意圖去傷害或希望那種傷害會發生、以及永不平復的報復需求。仇恨起源於恐懼、憤怒或傷害，它也可能是由創傷（trauma）造成的，受害者通常會對加害者抱持著憎恨，直到完全療癒才能放下。那些虐待我們的人讓我們嚇壞了，然而自我無法忍受自己的膽怯，因此有意識或無意識間我們開始對那些嚇到我們的人感到憎恨和憤怒。

我們也可能對那些我們給予力量和權力的人感到憤怒或仇恨。例如，如果一個女人為了感覺自我的完整而依賴一個男人，她就可能會對這個男人懷有敵意；相反的，如果一個男人害怕惹惱女人，只是因為他需要擁有她們來讓自我感到完整，他也可能對女人憤怒，而這種意念甚至連他自己都不清楚；也許厭女症說到底其實是恐懼女人、而不僅僅是仇恨。我們邁向擺脫仇恨的道路，必須先通過免於恐懼的自由之門，那扇門的鑰匙是放下侵略挑釁、以愛取代之。然而這實在是一條漫長而曲折的道路，在這裡，愛與善的修行，對個人和靈性上的成長都是必不可少的，它可以讓這條通往真正圓滿完整的道路變得平坦。

在家庭或工作關係中，我們可能會公開或被動的捲入挑釁攻擊行為中。當我們直接惡言相向、甚至虐待時，就是一種公開的攻擊，而當我們只執行或根本不遵守關係中的基本規則時，就是一種被動的挑釁，它的表現可以是沉默、冷暴力對待，或其他故意惱怒對方的言語或行為。

我們的怨恨以一種挑釁攻擊的形式表現，但追根究底只是為了逃避悲傷，因為我們沒有得到自己相信一定會獲得的東西。確實，我們在關係中遭受的任何傷害都會喚起內心的悲傷，因而產生不太健康的反應，包括立即掩飾、或以報復性的憤怒來避免悲傷，然而那不單純只是憤怒，而是一種虐待。相反的，如果我們可以向悲傷敞開心扉，就能適度表達那包含在傷痛中、非暴力的憤怒。我們承認自己的悲傷和脆弱而不隱藏它，這受傷的感受便可以拉近我們與他人之間的距離。

報復性的傷痛導致分裂，有時甚至會持續一輩子，而一滴眼淚和一個健康的哀嘆「哎喲！」則讓我們有機會與別人更連結。

靈性修行也可以造成改變。這裡我引述一個摘自佛教《中尼迦耶經》（*Majjhima Nikaya Sutra*）的教導：「我們不以他人所作所為捏造事實、不使用傷害詞語、常住於慈悲、以慈愛與沒有仇恨的心關懷他人的福祉。」

以下是一個與這個主題相關的故事。當我在一個靈修中心舉辦我的書《回歸真我：活出獨立的內在和成熟的愛》（*How to Be an Adult in Relationships*，啟示出版）的工作坊時，有三分之一的觀眾都是由伴侶組成，當我們談到關於毒性關係的報應時，我提到在很多伴侶諮商當中，都可以看到這類毒性關係的案例，當時我做了這樣的結論：「當我們仍然心存報復時，怎能說這段親密關係是真實的？當我們受了傷並試著以傷害回應時，怎能讓我們愛得更多？」

然後，不知從哪冒出來、在沒有事先準備的情況下，我聽到自己說：「明天早上吃早餐時，你能不能告訴伴侶自己做了一個決定：『從現在開始，無論你做了什麼讓我失望的事，我都永遠不會以報復作為回應，而且我不要求你做出同樣的承諾。』試試看把這些話說出口，並且不需要伴侶的回覆。」

房間裡有一百五十多人，在我說完這些話後，參與者們盯著我，所有人都沉默了。突然間，我意識到自己讓他們很為難，因為如果在早餐時他們無法將我的建議說出口，是否表示他們宣佈自己確實打算報復？那真是一個難堪的時刻。

現在我才明白自己當時太強迫他們，我沒有考量到每個人有各自的時機，那有可能發生在早餐之後，有些人可能需要相當長的一段時間，才能決定放棄關係中的報復心，或領悟這個做法的價值。我們大多數人在成長過程中都被教導要以牙還牙（在我的義大利教養中，復仇不僅合法，而且是必須的——電影《教父》提醒了我）。

現在，我想向讀者們重新表述一次——作為提醒而不是強迫：問問自己，如果你曾經有過報復心，那麼需要怎麼做才能讓你放下？問問自己，當你受到不公平的對待，或你的感情受到傷害時，你是否想繼續以報復作為必要的手段？問問自己報復是否符合你的靈性修行，特別是慈悲心的修行。

怎麼樣才可以讓你在關係的互動中不再尋求報復？先等到你真的想停止報復並轉而尋求和解，在那之後，或者任何時候，再開始致力實踐這個關於化解悲傷、容許健康憤怒的靈修之道：你可以感到悲傷、「哎喲！」一聲表達你的痛、開啟對話、請求修復、帶著愛放手且不怨恨；你現在變得更有創意，也有更多累積愛的方法。

當我向佛陀立誓要放棄報復心時，在我身上發生的事其實顯而易見：我變得更喜歡自己。我立誓的時機並不來自於任何想法或計畫，它只是從內在做好準備的狀態中自然發生，超越我的心智範圍之外，實在是一份恩典。

憤怒、怨恨、痛苦、渴望報復那些冤枉你的人：這些都會讓人心腸變硬、靈魂麻木，最終導致自我傷害。

——比爾・柯林頓（**Bill Clinton**）在馬薩諸塞州的協和禮拜堂演說，一九九八年一次報復行為，就可以燒毀整片功德之林。

——《法句經》（*Dhammapada*）

我們困在童年魔咒中

兒童的成長發展，主要是以模擬作為基礎，我們透過觀察人、特別是我們的父母去學習如何成為一個人，然而不幸的是，這有可能成為最負面的教材。當我們看到父母處在一段空洞的關係中，可能會導致我們相信自己未來的關係不可能有更好的結局，而這裡提到的「空洞」，指的是「沒有愛、死氣沉沉、沒有動力」，伴侶各自過不同的生活，關係裡沒有親密感。

父母的關係也可能是一齣走到盡頭的狗血劇：不斷提起舊恨、互相辱罵、侮辱、責備、羞辱——什麼也沒有解決。我們看著他們這種劍拔駑張的相處方式，可能會汲取一種信念，即夫妻本來就是如此。如果在這之中再加入那些關於堅持的建議，就會形成一個結論：「重要的是他們堅持了下來。」這會讓我們認定一輩子持續活在痛苦中是理所當然的——也就是否定了離開或退出的選擇。一個英雄在他的旅程中，可能會經歷一段滯留不前的階段，然而一個受害者則是永久的困在滯留不前之中，根本沒有旅程。

當我們看到父母之間的需求，以及我們對父母的需求從來都無法得到滿足，相處在一起沒有喜悅、毫無生氣，讓我們怎能不活在絕望之中？而現在，當我們發現自己的關係並不比他們的好，也就不足為奇了，而這讓我們幾乎不可能離開。我們的想像力一直受到過去阻礙，如果我們早已習慣結局只有一種，當然無法想出其他的替代方案，我們不再相信自己，也無法追溯起因，只能任憑我們的過去決定現在的狀態。因此，我們的目標就是要丟棄這些限制我們自由選擇的制約。

成長塑形的過程也是一種認同的過程。當我們的母親選擇停滯不前，她的恐懼可能也會支配我們現在的生活，我們可能過著像她一樣的生活、感覺著她的恐懼，並認為它們是我們自己的。這種情況發生在我們還無法與家人分開、離開家的階段；然而，在這本書中我們可以不斷尋找各種方法，讓我們的生命不再是重播，而是首映。

除了從父母的相處模式學習之外，我們還受到其他家庭狀況的影響。首先是創傷：童年時期的痛苦經驗覆蓋在我們身上，其中有些會滲進我們內心深處，產生不同程度的影響。舉個例子：當我們記得童年時期想要吃一個冰淇淋甜筒時，父母總是堅持要等到晚餐後才能吃，這對我們來說是一個較表面的痛苦；然而另一方面，如果因為我們沒有服從父母的規矩，就被處罰餓肚子，這就形成一種創傷經驗，在心裡了劃開一道根深蒂固的傷口，而那樣的創傷需要時間來處理，但即使如此，也可能永遠不會完全復原。

創傷有它自己療癒的時機，我們無法催促或拖延。現在就讓我們來看看創傷的某些特徵。

我們不完全明白或漸次的意識到，自己的痛苦其實是虐待循環的一部分，對某個事件或其影響產生記憶解離現象，然而童年的創傷會一直記錄在我們身心的記憶中。如果創傷事件發生之後，從來沒有被我們的父母反映出來或證實，它的影響力就會變得較模糊，而當我們對自己或別人敘述自己的故事時，也會有所刪減。以下這個案例就呈現出前面所說的情況：

八歲時，塞巴斯蒂安看到父親嚴重毆打母親，這對塞巴斯蒂安來說是一個創傷事件，充滿了各種感受、意義，身體共感了恐懼、悲傷和無能為力；然而，在創傷發生的那一天以及在那之後，塞巴斯蒂安的父母從來都沒有和他一起確認他的反應或感受，也就是說，他們沒有將那些創傷反映出來、沒有注意到它的影響、陪伴塞巴斯蒂安度過整個過程，相反的，那個事件從未被提起過。塞巴斯蒂安就像在月亮陰暗的一面孤獨走著，對他來說這是一個巨大的事件，因此更令人感到不安和困惑。當我們在自己的傷痛中愈孤立無援，創傷就會持續愈久，我們甚至會懷疑它是否真的發生過，這是由於我們壓抑了一些事無法分享、不去理解的結果。

當塞巴斯蒂安現在作為一個成年人講述自己的故事時，聽起來會像這樣輕描淡寫：「我八歲時目睹了家庭暴力。」這是因為他還沒有準備好面對自己經歷的全貌，也沒有足夠的安全感這麼做。這不是他的錯，只是目前他的能力有限，沒有準備好讓這個被剝奪完整樣貌的創傷，在他身心中完全迴響。當時機成熟，塞巴斯蒂安想要自我探索的欲望超越自我控制時，他會重新說出一個更深刻的童年經驗，並引領他走向一條通往完整的道路：

「我目睹父親失控並傷害了母親，當時我只有八歲，但我可以感覺到很多事情，也覺得非常困惑，我特別記得自己在那次事件中感到多麼孤獨。我知道自己從來沒有試著深度探究那個事件，以及我對它的反應，而現在我想在十足的安全感中去感受它，審視其中錯綜複雜的意義，找到它埋藏在我的身體裡的鮮活痕跡，檢測它在我的心靈中塑造了什麼樣的機制，最後，接受它終究無可慰藉、是個不解的謎。」如此一來，塞巴斯蒂安終於找回了自己。

要記住，處理我們童年的傷痛並不能讓它們消失，取而代之，我們會勇敢而充滿創意的找到一種新的方式來與過去的創傷相處，不再讓它們傷害我們，反而讓我們更敞開。一個最典型的隱喻，就是基督的復活並不能讓釘死在十字架上的事件消失，但它深刻改變了事件的意義，將原本執行死罪的行為，轉變成一種救贖。以上兩種狀況，無論是真實案例或隱喻，都呈現一種轉化，將悲嘆哀悼轉變成黎明曙光。

虐待的形式也可以是壓抑我們的自然本能，以罪惡感來牽絆。我們當中有許多人在青春期都被教導要禁慾，斷絕任何性的探索，以幫助我們了解和享受自己的身體；我們也可能被教導，在婚前與一個互相承諾的伴侶同居是錯誤的，甚至膽怯的相信同性之愛是絕對的禁忌。近年來的社會氛圍，已經幫助我們去除許多罪惡感（儘管仍然有一些家人或宗教還沒有讓自己從那些不健康的偏見中解放）。健康的童年、人際關係或環境都會熱情接受我們的一切。

罪惡感是因為破壞了規則，但羞恥感是來自破壞。羞恥感加強了被傷害的感覺，並會永久感受傷痛。羞恥感可分成兩種：增進自主性的羞恥感，以及危害自主性的羞恥感。例如，羞於在公共場合赤身裸體是增進自主性的羞恥感，因為那可以讓我們避免放肆無理，避免人們看輕我們，也避免法律為了懲罰我們的裸體行為而剝奪我們的自主權。然而，當我們無法與愛人赤身裸體相處，則阻礙了自主性，那種羞於裸體的感覺，是一種危害自主性的羞恥感。

我羞於透露什麼？

對我來說，需要具備什麼，才能擴展我顯露自己的程度？

我相信人們喜歡的是真實的我，還是喜歡那個表相的我？

我們無力打包離開

免於虐待全繫於離開的勇氣。然而幼年時期無論遭遇什麼樣的虐待，我們都無法自己離開：我們無法逃跑，無論當時是四歲、十歲甚至十五歲。因為我們本來就沒有自己照顧自己的能力，我們被迫留在原地——然後它變成一種終生的習慣，直到今日，即使我們在一段關係或經歷中非常痛苦，也仍舊會覺得自己無計可施。

我們也要記得，會留在那個虐待我們的家，是因為我們愛住在那裡的人。我們愛那傷害我們的父母，也愛一起承受虐待的兄弟姐妹，我們不想拋下他們，讓他們去承接或持續遭受虐待，在這種狀況下，忍受痛苦變成一種英雄式的關愛。於是，三個危險因素——愛、傷害、停滯不前——在整個過程中不知怎麼的慢慢結合在一起。即使到了現在，在成年的生活中，這悲劇的三元體仍然存在——我們也依然如故。愛是禮物、感覺受傷是代價、停滯不前是自我犧牲的承諾，而對於我們這些經歷許多創傷的人來說，一切都感覺如此正確，這樣的藉口恰如其分。

其實我們可以從那些緊銬著當下生命的過往枷鎖中解脫出來，解脫之道就是保持覺知、見證現實。即使我們仍然相信自己無法擺脫痛苦的局面，舊的信念現在仍支配著我們，但是我們可以運用四階段的「肯定練習」，幫助自己回到當下已成年的現實，感謝自己作為成年人所擁有的內在資源，以一種新的觀點看待自己目前的處境：

- 是的，過去我曾被虐待，不知所措、孤立無援，現實狀況讓我不得不留下來，也讓離開顯得很不安全。
- 現在這些都不再真實，我可以回顧過去，但這次是從一個安全的地方、在全新的當下去看，我擁有成人處理傷痛的方法，這個成年的我可以照顧我內在的小孩，不再覺得孤單或無法動彈。
- 我感謝自己現在擁有的力量，和來自內在及周遭支持的資源，願我能夠繼續召喚它們，並充滿感激。
- 經歷了所有發生過的一切，我接受自己的故事和它對我的影響，我可以這麼勇敢是因為，無論過去對我做了什麼，它都無法阻斷這趟險惡但寶貴的旅程，繼續向未來邁進。

相信唯有父母最全知全能

在我們的家庭和宗教教養過程中，「順服」佔了很重要的地位。現在，我們作為成年人之後很清楚（也許孩童時期就已經懂得）服從是自上而下的，同時在教育過程中，可以增強我們相互尊重的態度，我們學會在為自己著想的時候，也能聽進他人的意見。然而，當童年時期對於順服的要求，是以愛為代價交換而來的話，「愛」就淪為一種獎勵，它只有在順從那個主掌權力者的時候，才會被給予。

真正的愛是一份無償的禮物、一種恩典，而不是基於建立功勞或遵守規定的酬勞，也不是為了保障我們的安全感而必須遵守的家規——那反而造成一種盲目的順服，只是作為懲罰的替代方案。

這種規矩在那些以愛為基礎的家庭中沒有立足之地。愛包括允許並支持我們學習自我調整、自我監督、自我保護、自我表達，所有這些都應該容許我們去嘗試與犯錯，而所有嘗試都不應該讓我們受到批判，即使犯了錯誤也不應該讓我們覺得羞恥。我們發現，上述有條件式的服從，對成年人來說並不是一種美德，它只適用於一些確保所有人自由和安全的社會規則，例如交通規則。

童年時期被權威人物（如父母）虐待，可能直到現在仍然讓我們感到力量被剝奪。創傷的產生並不完全是被爸爸打了耳光，主要是在於當他被激怒時，施加於我們身上的羞辱，和感覺自己的無能為力，是那個原本應該來愛我們的人傷害我們時，產生的背叛感。那些從前被羞辱和批判的殘跡，會讓現在的我們仍然無力逃跑，或為自己辯護，無法大聲說：「不要再這樣了！」我們害怕對權力者說實話、害怕捍衛自己、一直服從霸凌者。而恥辱會產生一種更危險的反應，便是讓人成為霸凌者，具侵略性和報復性。

社會的壓迫等同於一種剝奪權力的虐待，會導致我們不敢如美國總統所號召的：「這是他們的權利，也是他們的責任，去推翻這樣的統治者，為未來的安全提供新的保障。」也就是大聲疾呼「不要踐踏我！」或拒絕「無怨無悔地承受」。而我們也不能忘記，那些睿智的美國開國先賢們，並沒有將自由的呼籲擴展到其他族群，特別是這個國家裡的非白人族群。

當那些傷害我們的人似乎仍然愛著我們，而我們也愛他們時，就有可能被制約，相信愛讓人付出痛苦代價是理所當然的，認為「愛我的人傷害我是可以允許的」（以愛的形式來容許這種行為真是扭曲）。因此，當我們離不開一個無藥可救的狀況時，主要的原因是我們仍然困在童年時期產生的錯覺裡，我們現在選擇留在原地，是因為當時我們就只能選擇留在原地。然而這種被困住的狀態實在不合時宜，到底我們要有多大的自我憐惜心，才能讓自己不容易陷於這種互相拉扯的衝突感當中？

像我這樣在耶穌受難十字架像下長大的人，甚至會開始相信，父母的暴力具有神聖的合法性，因為我們看到神的兒子依照他父親的旨意被釘在十字架上。我們被教導，為了自己的救贖，這樣的暴力不僅被允許、甚至是必要的。在十字架像上，我們看到古老父權體制的特權：這是一個父親被允許對他的兒子／孩子所做的事情，我們的救贖只有在一個兒子被折磨並殺害之後發生。各種勸戒都告訴我們要受苦，因為那是通往天國之門唯一的護照，而我們在無意識間甚至學到，愛父母的方式，包括讓自己受到傷害，這種念頭可能長存在我們心中，特別是在父權家庭或社會中都很常見。

➤提醒自己的筆記

深入探究當下的感覺或經歷，可以向我們揭露一些事情，即使無法明確說出那是什麼，但會知道那些來自我們自身的過去，可以描繪曾經在我們身上發生了什麼。

始終不敢揭露完整樣貌的記憶，絕對不會輕易放過我們。當我住在加州時，有很美的本地開花植物，但偶爾我會在這裡發現一種在康乃狄克州盛開的花，那是我度過童年的地方，當我俯身去聞那紫丁香或蔓藤薔薇時，突然感到一種深刻的、沉澱在腹部底層的憂鬱，同樣的嗅覺記憶每次都向我襲來。

我很清楚知道自己感受到的，是很久以前童年的感受，那感受並不是直接來自花朵，而是四周貼滿壁紙的家中日常場景。在那些日子裡，我找不到詞彙來表達自己的感受，也沒有人可以聽我訴說，那狀態有點像：你不記得入口，也找不到出口，一種灰色的陰霾佈滿我的靈魂，無計可施——現在我知道那是一種童年憂鬱症。雖然我仍然無法說我記得自己有過那種情緒，但丁香花向我揭露了，它們就像我的身體一樣，從不說謊。

最後要提醒自己，當我們回顧童年時，不要覺得倉皇喪氣。無論我們過去如何被對待、無論現在在我們身上發生什麼事情、無論未來的日子將遇到什麼，我們愛的能力永遠都不會消失，甚至不會減弱。愛是像鑽石般的本質，根深蒂固、無窮無盡、穩定恆久，是內在最重要的部分、我們存在的核心，也是我們最深刻的本性；它是一種流動的存在，它支撐著我們，同時也把我們推向世界。愛只會像光線一樣照進我們內在，或從我們內在穿透、向每個人發散，時時刻刻、無處不在，愛想要發生，我們所要做的，就只是不要阻擋它。

我們的安全感和歸屬感受到威脅

這個監獄是多麼的柔軟，
而它陰沉的柵欄又是如此甜美。

——艾蜜莉．狄金森（Emily Dickinson）

巢穴中的小鳥可以成長，是因為牠們有父母柔軟羽毛的安慰，同時，當時機合適時，牠們也需要面對被從巢中推出去的挑戰，這樣牠們才可以展現飛行的本性。我們也一樣，要在安適與挑戰的結合下才能成長茁壯。是的，我們也許會沉迷於一種類似監獄般的生活，只要它可以提供我們十足的舒適感，維持現狀對我們來說成為唯一且非常舒適的選項，它不會帶來挑戰——生命的另一種選項，也是我們試著逃避的部分。

人類總是尋求安全、保障和歸屬感——這些目標都不成問題，但是當它意味著我們必須限制做我們自己的自由，或採取必要行動的自由時，代價就太高了。我們大多數人都不習慣自由，所以很難注意到個人生活中，有多少部分被設計成符合別人要求的樣子，而像這樣選擇權被枷鎖束縛著，實在是件可悲的事。實際上很不幸的，我們正如前述，雖擁有選擇權，卻同時也帶著枷鎖，我們放棄人性中一個必不可少的東西——自由，只是為了感到安全。如果我們覺得《獨立宣言》的精神只適用於別人，而不是我們自己，那麼我們要付出的代價就實在太高了。

這種受綑綁的選擇模式，也會發生在我們在束手無策的狀況中待太久的時候。例如，當我們受僱為一個員工，可能很難相信自己會放棄一份工作，即使它不斷消耗我們的能量。我們留下來，是因為如果不繼續待在這個我們已經熟悉的環境，我們會感到沒有保障和安全感。我們將熟悉感與安全感連結在一起，而安全感戰勝了行動。我們精疲力竭、甚至過度勞累，再沒有什麼可以為我們充電時，我們都還是寧願留下來。

我們也把安全與保障連結到信任感上。例如，我們需要知道伴侶是否可以始終如一的與我們在一起，如果他們可以，我們才能放心，並感到家庭舒適溫暖、感覺自己活在一個值得信賴的世界，這種一致和持續的安全和保障，是我們一生追求的目標。問題就在於，我們開始相信，它們可以主宰且限制我們在關係、工作、參與組織和其他方面上所做得選擇，我們相信它們是我們需要付出的公平代價。

然後我們用一個錯誤的問題問自己：「為什麼要抱怨？」我們沒有被教導如何用自己的身心，去確認目前的狀況是否有解決的可能，我們被訓練成對那些看似真實的東西感到滿意，只因為它持續不變。然而很不幸的，「持續不變」這個詞在我們的生活中被解釋為「留下」──又是另一個錯誤的聯想。

為什麼安全和保障對我們的生存如此重要？其中一個理由是，當我們感到自己安全有保障時，才能讓我們的大腦進入更高階的運作中樞，當前額葉皮質執行指令的時候，我們才能做出較好的選擇。一旦沒有了安全和保障，我們就會受大腦邊緣系統的支配，而它有時會傳送基於恐懼的錯誤消息。當我們信任周圍的環境、人際關係和處境時，較能明智的評估這個世界，然後知道要採取什麼樣適當的行動或措施，然而當我們覺得不安全和沒有保障時，大腦的杏仁核就會開始發出警訊。杏仁核屬於邊緣系統的一部分，是儲存關於危險和虐待記憶的地方，它只提供最原始的解決方案：逃跑（flight）、戰鬥（fight）、僵住不動（freeze）。

雖然有時在原地按兵不動、留在原處是有意義的，它可以幫助我們為了生存去適應。如同一隻動物，裝死就有可能可以生存下來，而穴居動物如果保持安靜不動，就有可能不會成為掠食者的獵物。同樣的，當虐待行為發生時，我們可能會凍結自己的身體和思考，有時甚至會分散自己的注意力，進入一種解離狀態：我們退出身體意識，逃到一個可以躲避直接經驗痛苦的世界，我們想像自己在其他地方，但不會真正去到那裡。我們在精神上與這個我們無法接受的現實世界切割，學會了可以在痛苦中安靜不動，並生存下來。

當我們的生活、工作或關係發生極大的變化而產生巨大的壓力和恐慌時，確實會產生僵住、難以動彈的現象。但我們不必要求自己走得太遠，只需跨出下一步、離開那個已經無可救藥的狀況，它會帶我們進入未知，但不是導致恐慌的那種未知，而是可能產生奇跡的未知。

在高度壓力下，我們也可能會誤解人際互動的線索。例如，覺得一張無表情的臉看起來像在生氣、一張美麗的臉看起來像是一定會承諾幸福，這都是我們直接從大腦杏仁核投射出來，而不是基於皮質精確判斷之後的訊息。杏仁核的功能著重在「抓取看起來像是……的印象」或「迴避看起來不像……的狀況」，而這正是佛學中所稱受苦的根源。

大腦邊緣系統建構的世界裡，常產生「我想要那個」或「我必須擁有那個」，而這個「必須」的能量常會誤導我們，因為其中帶著強迫性——是自由的狡猾對手。如果我們能將自己的思維模式轉移到前額葉皮層，就可以產生「也許最好……」的想法，讓我們在念頭興起和行動之間，保留一段停頓，而這個停頓，是我們獲得自由的唯一機會。我們仍然可以因應念頭採取行動，但現在，我們已經可以區分哪些對我們有利、哪些對我們不利，就是那一瞬間的「停頓」讓一切變得不同。

在創傷的例子中，不僅僅當初最主要的原始事件影響著我們，我們被捲入其中的程度，也決定了創傷的發展。例如美國九一一事件中，身在世貿大樓的人所受的創傷，比那些一周後在千里之外聽說這件事的人來得嚴重，後者可能對這個事件的發生感到遺憾，卻不會產生創傷。

我們也發現，當我們受到威脅或害怕時，邊緣系統會發出假警報，因此，儘管大腦海馬體（hippocampus）告訴我們，這只是一種來自過去的感覺，並不是真正的危險，但它無法以這個事實說服杏仁核，因為那個部分的大腦沒有所謂的過去或未來。創傷確實是時間錯置的，會把過去當成現在，而杏仁核不記錄時間順序，這就是為什麼危險在當下看起來如此真實，讓我們對過去而不是當下做出反應，而我們也把自己當作過去、而不是當下的自己，因此，做好準備的時機轉輪無法啟動。

覺知可以幫助我們。那是一種前額葉皮質的體驗，也是大腦中可以花時間理性思考的部分，它的中央執行網路，可以透過深思熟慮的意圖來啟動。我們會選擇讓一個進來的想法繼續流動，而不是緊抓著不放。當我們學會保持覺知，就能一次又一次的處在當下，不拖延或限制我們的想法和感受。

當我們可以熟練的進行冥想練習時，大腦皮層的功能也會安靜下來。我們不再需要這麼多帶著意識執行的功能，可以自然而然的開始見證並放下思想。事實上，我們已經可以用一種新的方式連結到大腦，去處理我們的想法和經驗。大腦中相同的部位會以新的機制發揮作用，放下從前傷痛的過程也會啟動。「保持覺知」始終是這個療癒過程中最重要的角色。

「覺知」唯一關注的是即時、當下，讓我們有更多可能去注意並選擇戰鬥、逃跑、僵住不動之外的第四種選擇：**去面對**。我們可以面對自己恐懼的惡魔，而不與它戰鬥、逃離，或像車頭燈下的動物一動也不能動，我們可以慢慢的站起來，直視那些讓我們害怕的東西。像這樣面對恐懼也被稱為勇氣，它一直都存在於我們內在，當一切只剩當下、其他對我們都沒有意義時，創傷那過時的影響力也會失去力量。當我們可以面對此時此刻，就沒有必要戰鬥、逃跑或僵住不動。

當然，我們仍要記住，有些創傷非常具有壓倒性，以至於不可能直接去面對，特別是當沒有諮商治療等支援的時候，會讓我們的感受負荷過度並延續過久。但不要放棄，我們可以練習去接觸創傷中較容易觸及的部分，那就達到目的了。我們不必擁抱全部，更不需要一蹴而就，我們可以允許它自己顯現，或準備好面對其中任何一小部分。保持覺知可以幫助我們不帶批判或羞恥的去面對，當我們存在當下，事情就會改變，當我們與現在的自己同在，我們也會改變。

安全感的舒適吊床，也可能由其他各種元素編織而成，例如經濟依賴、我們對年齡的看法、對抗慢性疾病的經驗——我們都了解，待在原處可以獲得各種經濟上的利益或生活上的方便，所以我們不想失去。例如，一個缺乏經濟獨立的伴侶，可以很明確的感覺自己被困在一段已經無藥可救的關係裡，因為除了受這段關係的庇護之外，別無選擇，如果可以的話，這個人早就繼續前進了。我們也許會對那些因類似狀況陷入困境的人感到同情。

另外，我們也可能擁有一個自己不喜歡的工作，即使它已成為一份苦差事，在其中我們感覺不到任何挑戰、也不會得到個人成長，但這份工作給我們一種安全感，讓我們可以賺足夠的錢付房租、確保自己想要的生活方式，甚至這份工作提供退休計畫、健康保險等，這些額外的福利都會阻礙我們做好準備去改變。

年齡也是一個問題。我們可能已經到了某個年紀，對於往外跨出一步感到太害怕，以至於無法實現。我們可能相信，要開始一個很大的改變、承受令人頭暈的壓力，對我們來說太沉重，年齡的增長讓我們幾乎不可能作出巨大改變。我們可以繼續留在婚姻中、住在同一個屋簷下、留在宗教團體或社團組織中，並對它少投入一點精力。我們處在其中，也不在其中。這樣一來，在我們眼裡，就如同已經離開那個很久以前就無藥可救的狀況——只要我們願意，也許可以離得更遠。

或者我們患有慢性疾病，而我們的伴侶現在雖然失去吸引力，但把我們照顧得很好，我們就會認為這樣的安排下，保持現狀是值得的，即便知道兩人的關係早已無藥可救，但也很感激自己可以一直以這種值得信賴的方式獲得必要的幫助。我們的伴侶似乎很高興能幫上忙，並沒有抱怨，我們不會覺得自己正在佔伴侶／照顧者的便宜，似乎維持現狀才對我們兩人都有好處。

儘管如此，當我們在情感上已經無法維持或滿足彼此時，還是會因為自己利用伴侶的時間、忠誠奉獻以及給予我們各種幫助而感到內疚。然而，這對我們來說是唯一的辦法，我們並沒有太多選擇，機會已經少到最低限度。我們留下來，是因為相信自己不再有其他去處，唯一安全的地方就是我們目前所處的位置。

我們沉溺依賴，甚至關係成癮

我會回到你身邊——這個傷害我最深的人。

——多蘿西・派克（Dorothy Parker），《我會回來》

我們也可能因為依賴或關係成癮（codependent）而陷入停滯。依賴他人指的是我們指望他人多於指望自己，而當我們無法忍受生活裡沒有某個人或某件事物的時候，依賴就變成上癮。其中對酒精或毒品的依賴是一種持續的、不可抗拒的渴望，需要已經變成一種強迫，想要的越來越多，因為滿足感越來越少，於是漸漸對需求形成一種耐受性（tolerance），需要更多來獲得興奮，然而卻永遠無法滿足，最終無法避免崩潰。

成癮不僅涉及物質，也發生在人際關係、性關係、情感關係、工作、宗教與群體關係上，甚至會對一個特定的人成癮。當我們已經與某個人或某件事聯繫在一起無法放手，我們會覺得，自己與那個特別的對象或事物的關係，逐漸「固定」下來。我們圍繞著這個人或狀況計畫自己的生活，無論我們怎麼努力想要離開，最後都會再回來，那是因為再也沒有什麼「更多」能夠滿足我們——我們永遠無法從不需要的東西上獲得滿足。因此，我們可能會留在一段對我們無益、甚至會傷害我們的關係或情況裡。成癮的特徵在我們身上顯而易見：我們對執著的人事物會變得癡迷，為了保持依附，甚至會出現強迫行為。

在束手無策狀況下滯留不前的例子中，最常見的就是互相依存的關係。「互相依存」一詞，最初是指成癮者在關係中伴侶的狀態：「我的配偶對酒精成癮，而我靠著隱瞞她的癮，來維持我們關係的現狀。」促成這種狀況發生的原因，是我們彼此已經形成一種上癮循環（addiction cycle）。這也有助於我們理解，為什麼酗酒被認為是一種家族疾病，因為每個人都以某種方式參與其中，而且通常是無意識的。在此定義中，關係成癮者是扮演讓整個上癮系統保持原樣的角色。

如今，關係成癮已經具有更廣泛的含義，它指的是滯留在束手無策狀況中的一種強迫性，因為想要獲得更多而不斷回到原處，卻發現得到的只是愈來愈少。要理解這種關係成癮的狀況，可以把它看成一種過度的忠誠、堅持承諾，然而這樣的承諾對自己或他人都不再有用。堅持是一種美德，但它可能指的是，我們讓自己忙得焦頭爛額，卻永遠不會得到回報。忠誠也是一種美德，但它也可以是讓人陷在停滯中的一種手段。忠誠也會衍生出責任感和義務，而這正是形成關係成癮的核心。

關係成癮很容易將責任和負擔混為一談，而我們也太習慣這種混淆，以至於一直窒礙不前：「我必須留下來，這是一種義務，我不能離開。」另一種比較健康的忠誠，則是一種「嚴厲的愛」姿態，它採取的行動，都是基於對成長最有益處的方式——對我們自己或對方。

當所處的關係和狀態中，曾經或目前正發生著傷害或虐待的行為時，我們會發現，自己明明知道必須要離開，卻因一種微妙的羈絆而窒礙不前，那樣的糾結，可能就是關係成癮的一種形式：我們對彼此需要的感覺成癮。特別是當我們在家庭中扮演「幫手」的角色時，我們為自己可以發揮這個作用感到自豪，代表我們擁有重要性。

當我們在同一圈子的其他人眼裡，只有這唯一一個發揮自己重要性的機會時，無論多麼不健康，「保持自己扮演的角色」都能給我們一種安全感。我們融入其中，感到有歸屬感，而這也是為什麼我們留下來，在這麼長時間裡扮演如此吃力不討好角色的原因。這也說明，為什麼我們無法想像任何改變生活的替代方案，被賦予固定角色、並保持忠誠的代價，就是讓自己喪失想像力。

同情有時是關係成癮的催化劑。我們對另一半或某些人感到難過，所以留在一段已經失去活力和動力的關係中。例如，如果我們辭掉工作，可能會替同事們感到難過，即使我們對團隊或專案失去興趣，卻相信自己應該留下來，因為沒有我們，其他人就會迷失方向。

以上都是關懷和同情的例子，但它們都不是成熟的做法。我們留在原處，只是為了表達我們對其他人的同情，但我們對待自己卻不公平，因此那並不是在實踐真正的愛與慈悲——真正的愛與慈悲總是包括他人和我們自己。

所有關於這方面的挑戰以及任何有關脫離停滯狀態的困難，是要找到一種具有支持性的過渡方法，也就是說，當我們離開的同時，仍然與對方保持聯繫：「我繼續愛你，但不能和你一起生活。」這樣的聲明，不僅完全接受我們自己的現實狀況，同時對他人也仍抱持關心。

關於同情，有一個經常被忽略的特質，就是持續意識到我們自己這一方。我們都知道當對方感覺不好時，我們也會感到難過，而這也是同情的核心動機。我們可能會保持一種連結，當打破這種連結時，不僅讓對方因為我們離去而痛苦，看著對方痛苦，也讓我們感到更難過。

在這種情況下，我們知道對方已經牽動著我們的心弦，我們的連結已經變成一種感情用事的綑綁，讓我們停滯不前。健康的替代方案是，在關係中，我們每個人都要致力幫助對方正視現實，彼此相伴不是讓一切都變得美好，而是保持真實，這樣一來同情就無法介入，而同理心卻存在。**同情讓雙方都停滯不前，同理卻可以激勵我們**。以下是一個圖表，可以幫助我們看清同情心和同理心之間的區別：

同理心	同情心
我把你視為平等的，因為我們都可能遇到生活裡的不幸	我因為你的困境而看輕你
我不批判，只是評估你的需求是什麼	我會批判你淒慘的狀況
我尊重你的獨特性	我會對你進行分類
我支持你培養自我能力	我覺得我可以控制
我和你在一起	我在這一邊，而你在那一邊
我為你的處境感到悲傷，並在你試著解決問題的時候站在你這邊，但我終究無法為你負責，幫你讓一切都順利	我因為你是受害者而感到難過，並嘗試幫你解決問題，為了你，我希望讓一切進展順利
我關注你這個人	我關注的幾乎都是你的困境

我很關心你，而我會支持你照顧你自己	我很關心你，所以要照顧你
我會為你提供一個緩衝，讓你可以安全、有保障的去體驗	我會盡我所能，讓你不必去經驗你的痛苦帶來的衝擊
我關心你，但同時也保有我的界線並照顧我自己	如果不把你當作第一優先，我會感到內疚
這既是我真實的感覺，也是我的靈性修行	這是我的情緒狀態
我作為盟友支援你	我作為一個保護者，為你介入
我試著找出那些導致你痛苦和不平等的社會制約，並對抗它們	我過分專注、甚至涉入你個人的煩惱憂鬱
我感覺和你在一起，但仍繼續跨出下一步，不會因為替你難過而被驅使或阻攔前進	除非你幸福，否則我高興不起來，你佔據了我的心思，讓我很難回到自己的生活中
我理解你	我依賴你

圖表下半部的前五項描述了關係成癮的主要負面特質。我們可能會被一種信念束縛住：「我必須堅持到底，直到事情結束。」

我記得自己在青春期時，一旦開始讀一本書，就覺得自己即使對它失去了興趣，也必須堅持到底、看完整本書。這是一個簡單的例子，說明我們內心有某些東西，會讓我們一直待在某種狀況，即使它失去作用。而例子中的我，就是對一本無趣的書的作者產生關係成癮（我不建議你一定要把這本書讀完，除非你從中得到了一些東西）！如果我們可以用一種更平衡的方式，重新設計我們的忠誠感，可能會是這樣：「我會堅持一個可改善的狀況，直到它不再起作用為止，如果它值得，我會盡我所能讓它發揮作用，然而當完全束手無策時，我會放手，帶著愛繼續前進，並且不加以評判。」

我們的忠誠可能會姑息那些虐待我們的人，也就是所謂的「斯德哥爾摩症候群」（Stockholm syndrome）。原本是指一些被綁架、或其他犯罪的受害者，開始對加害者或虐待者產生正面的感覺。例如，當綁架者帶食物給受害者時，這個罪犯會被當成具有善意，而不是認為那是一種義務，正面的情緒可能會因此增加。有時受害者甚至會對營救單位（如警察或社會服務機構）產生負面的感覺，受害者與加害者已經如此緊密的站在同一陣線，以至於救援者反而變成了壞人！像這樣依序從虐待、服從、姑息，進而引發同情寬容的現象，在其他靈長類動物中也被觀察到。這足以證實，緊抓著安全感，確實有著攸關生存的意義。

最後，斯德哥爾摩症候群也告訴我們關於信任感的現象，受害者會慢慢對迫害者產生信任感而不信任施救者。雖然沒有這方面的研究，但存在的事實顯示，我們可能會愛上那些傷害我們的人，這讓耶穌所說的「愛你的仇敵」顯得很諷刺，在這裡，它不再是一種靈性承諾，而是心理受創的結果。

說到這裡，順便提個小插曲，我記得馬丁．路德．金恩曾說過，他很高興耶穌不是說「喜歡你的仇敵」（“Like” your enemies），因為那會更艱鉅，畢竟比起喜歡，我們更容易去愛：愛就是希望他人可以好好的——如健康、快樂、醒悟，而喜歡涉及被一個取悅或引起我們注意的人吸引，我們不太能夠掌控那樣的狀況。

斯德哥爾摩症候群像所有創傷一樣，通常在受害者已恢復正常生活之後，還會持續存在，即發生創傷後壓力症候群，或我稱之為持續性的創傷壓力症候群，它有一個起始點，但沒有終點。我們在混亂和妄想中待了太久，現在需要一些時間才能再次看清楚，這種現象適用於任何長期處於傷害中的經歷，需要花些時間讓自己恢復清晰和鎮定——如同地震災難後的土地。

觀察我們的「懸念」（suspense）——懸疑性，也是創造娛樂節目的特質——就可以理解關係成癮中的戲劇性。我們常看著一部電影停不下來，是因為它引起我們的好奇心，想知道劇情將如何發展，每個場景構成的方式都是為了讓我們想知道接下來會發生什麼。「懸念」這個詞來自拉丁文「掛著」的意思，我們的心懸著、揣揣不安、屏息等待結局，希望它會成為我們所期待的結果。懸念的另一面貌是期望，對於「美好未來」的期望，本來就存在人類心靈裡，它讓我們的故事可以一個篇章接著一個篇章發展下去，我們需要看到事情會如何發展，而這也讓我們不太容易離開。

懸念本身有可能成為我們的重心，甚至會讓人上癮。關係中的伴侶如果充滿了懸疑曖昧，將會成為我們的毒品，讓我們持續對戲劇化、不斷展開的情節抱持懸念，他接下來會做什麼？她什麼時候會改變做法？接下來又要發生什麼狀況？會發生變化嗎？就像待在戲院裡完全被懸念掌控，我們滯留在自己的生活中，這種對戲劇性的上癮助長了關係成癮，讓我們陷在無藥可救的狀況中無法離開。矛盾的是，止步不前反而讓關係漸行漸遠。我們因為想要更靠近所以留在原地，然而卻讓距離越來越遠。

關係成癮也時常發生在一個家庭中。然而我們應該記住，當我們想要有所行動時，適當的考慮家人或孩子的反應，並不算是一種關係成癮。當我們制定計畫時，考慮到他們的反應是一種關懷的表現，因為我們不想製造混亂或騷動，讓其他人受苦，我們希望尊重他人需要心理準備的時間，就像尊重我們自己一般，並且知道對那些我們關心的人來說，突然告知一些讓他們感到震驚的事情是不公平的，他們的準備時間必須得到尊重，就像我們自己一樣。我們必須花時間努力實現自我，讓其他人可以慢慢的、安心的接受，我們仍然會做我們需要做的事情，但不侵犯他人的敏感性，這種狀況下不能稱之為拖延，而是尊重。

另一方面，在關係成癮的關係中，我們會逐漸相信自己根本不能離開，除非伴侶覺得可以接受，同樣的，除非得到家人批准，我們不能有任何行動。這種做法不是尊重，只是讓人陷入停滯而已。在這種情況下，我們也應該懷疑自己的動機是否真的是以他人為中心，很有可能我們只是利用自己「在乎」他人的反應，來阻止自己行動。以下是關係成癮的一些主要特徵：

- 我們等待改變，而不是做出改變。
- 我們不決定自己可以忍受的底線，讓其他人侵犯我們個人的界線，無論是身體上的還是情感上的。
- 我們從那些不能（或不會）給我們任何東西的人身上想要獲得一切。
- 我們相信自己虧欠別人，即使他們什麼也沒有回饋給我們、回報得很少、太少、甚至完全沒有感謝。

◆我們的行動出於義務而不是選擇。

◆我們變得太依賴伴侶、團體或工作，以至於相信如果失去他、她、他們或它，我們就會崩潰。

◆我們不斷回到乾枯的井，而且每次都帶來一個更大的水桶。

◆當我們得到愈來愈少，就不停希望可以得到愈來愈多。

◆我們感到受傷或失望，卻一直安靜待著（關係成癮如此令人費解，讓我們看起來像是自己想要成為受害者）。

◆我們無法要求做錯的人道歉，因為我們不相信他應該面對後果。

◆我們用愛這個字來為自己滯留在虐待中找藉口：「我知道他傷害了我，但他愛我。」或「但我愛他！」然而對於成年人來說，真正的愛會以健康的方式顧及所有人。

◆我們把愛誤認為是一種很熟悉的依戀——所以感覺很好。我們的力量和耐性都用在緊緊抓住對方，並欺騙自己真的愛對方，那種「愛」讓我們窒礙不前——真正的愛從來不會這樣。

◆我們發現自己被失去或遺棄的恐懼所掌控，於是覺得必須以相互依存、或過度承諾對方的方式堅持下去，但如果我們仔細觀察，會發現真正的動機，是恐懼自己一個人、恐懼孤獨、缺乏獨立的自信。

◆「不會有比這更好的了！」可能是我們產生共同依存、繼續困在一段無藥可救關係中最悲哀的理由。我們懷疑自己是否能夠吸引一個新的伴侶、找到另一份工作、一段新的關係、一個更好的情況，我們想像現在正在發生的狀況，無論多令我們不滿意，都是我們僅能得到或值得擁有的。

◆早年被遺棄的經歷，會誤導我們相信自己有義務忍受任何事情，以讓對方與我們在一起。

◆我們懇求某人不要離去時，會說自己將一無所有。

◆我們童年時期不得不經常換不同的家庭生活，以至於現在誤認為保持現狀就等於穩定。

◆我們不相信那句古老諺語：「拒絕，就是為你指出方向。」意思是說，一旦我們遭到拒絕，就會（奇妙的）看到另一個我們可以前進的方向。而我們糾結的想法和難以採取行動的四肢，是否正是因為對這新的景象感到恐懼？

◆我們堅持一段關係，是因為我們無法區別誰真正想和我們在一起、而誰只是不想沒有我們。我們得到的訊息是：「我不會抓住你，但也不會讓你走。」

◆我們繼續為他人付出我們的所有，而不是適當的盡我們所能去做。而無論我們付出或做了多少，總會責備自己做得不夠、感到羞愧和不足，即使我們做的已經足夠、或比需要的更多。

◆特別是對於自己的孩子，我們專心一意的確保一切都要按照我們認為對他們好的方式進行，不讓他們承受「心頭的創痛，以及其他無數血肉之軀所不能避免的打擊」（出自莎士比亞《哈姆雷特》），藉此去寫出屬於他們自己的故事。我們認為應該進行干預，好讓他們可以平順過一生。

◆當別人不喜歡我們、做出不友善的行為時，我們相信一定是自己做錯了什麼。我們感到羞恥而不是憤慨，然後，我們會為他們做得更多而不是哀嘆「哎呦」。

◆避免內疚變成最需要重視的問題：「我不快樂，但至少我沒有罪惡感。」

◆我們無法放下過去犯錯的內疚感，即使已經適當的道歉、改過了。我們知道沒有人能改變過去，但我們相信自己餘生都需要為此付出代價。

◆我們溺愛的人，最後都會期待而不是感激我們做出的自我犧牲，當我們被責備做得還不夠時，即使已經盡我們一切所能去做了，我們也會徹底的自責。

◆當某人需要幫助時，我們無法輕易的說：「這個我幫不了你，但我可以跟你說哪些人可以幫忙。」我們只是一味的把對方當小孩、過度呵護。

◆我們相信自己永遠都背著債，所以當我們想為自己要求什麼時，都會覺得自己太貪婪或自私。

◆除非對方快樂，否則我們無法快樂；而如果對方沒有錯，就是我們的錯。

是的，確實有一條擺脫關係成癮的途徑。很多人發現有種方法很有效，就是加入一個「十二步驟」療癒團體（twelve-step group），例如「匿名戒酒會」（AlAnon）或「關係成癮自助戒癮會」（Codependents Anonymous）。此外，諮商、自我反思和寫日記也會帶來改變。

通常，還需要一個靈性課程來療癒我們，因為我們需要一種超越「小我」——關係成癮的祕密創造者——的力量庇護。長期以來，我們一直靠自己努力，而沒有意識到，我們的伴侶或同事已經不是我們所能控制的了，也就是已經超出「小我」的掌握，因此我們需要：

- 一個幫助我們學會帶著愛放手的課程。
- 找到愛的新定義，不是讓我們付出所有，而是相互給予和接受。
- 面對這樣一個事實：自己一直以來過度負責——讓我們陷入困境的原因。在關係中，我們找到一種更合理的方法來承擔責任，既沒有強迫也不會被它囚禁，我們信守承諾，但不以犧牲自己的界線或停止繼續前進為代價。
- 從「永遠給的不夠」的內疚中解脫出來。
- 聲明自己的界線，並要求別人尊重它們。
- 要求對方和我們一起做改變的療癒，而不是讓對方等待我們做出改變。
- 我們從不對他人失望，但接受生命中注定有些人會拒絕改變，我們並不會因此強迫他們，只是為此感到悲傷，並在他們徹底改變的時機到來時做好準備。
- 諮商治療和十二步驟課程的組合是目前最先進的途徑，可以將我們從關係成癮中解脫出來。

此外，我想補充一個令人鼓舞的共時性的例子：昨晚我看了一個紀錄片，是關於瓜地馬拉主教胡安・何塞・傑拉爾迪（Juan José Gerardi）因人道主義工作，於一九九八年被暗殺的報導。之後我感到自己的不足，因為同樣作為一個人，我住在舒適的聖巴巴拉寫作和教學，而不是去從事英雄般的活動。然而在自我責備的過程中，我也提醒自己：我確實也在為他人做出貢獻，只是我內心的批判者，拿我自己與那些英雄、殉道者和聖人相比，並貶低了自己工作的價值。

今天早上我醒來後，沉思著這一切，然後當我打開網路，看！我偶然發現了一篇關於「恆定誓」（vow of stability）的文章。在隱修的傳統中，無論是基督教、印度教或佛教，都有一些修行者發「安住」願，也就是承諾一生都待在同一個修道社區，在那裡，停留在原處被當作一種靈性修行！這樣的發願，是基於相信**我們所在的地方，可以讓我們成就覺醒和聖潔**。

同一天早上，我也從荷蘭心理學家漢．德威特（Han F. de Wit）著作裡找到這段話：「這是我所在的地方、我的現況，無論它會怎麼發展，我都想要去面對處理……」我立刻被作者及時解決我前一天晚上的問題所震撼，事實上，我甚至覺得這句話是給我的個人訊息，要我欣賞自己的工作和生活狀況，感恩我所領受的恩典，並分享它們。這真是感嘆自己不足的解藥。

我們總是會面臨某件事是否可行的問題，也就是說，它是否能發揮原本應該有的效用。有時我們發現自己待在一個根本不起作用或不足的狀況，而有時，就像我的故事一樣，我們還是可以看到其中有些東西在發揮著作用，然後就可以讓自己擺脫困惑、感到滿足。在下一章中，我會試圖展示它如何發生，而無論我們的困難是什麼，或我們經歷了多強大的試煉，以至於變得不能適時放下、只會長時間忍受，它都確實可能發生。

第二章 什麼能幫助我們繼續前進

這麼長的時間
被困在收緊的禁忌圈套中，
現在我終於
可以像風中的竹子般搖擺。

在第一章中，我們探討人們如何、以及為什麼會陷入困境。在本章中，我們將探討如何擺脫困境、繼續我們的旅程。

有時我們會被某個人或某個狀況觸發，而開始往前邁進。例如事情已經變得非常糟糕，以至於那些限制我們的因素都不再有效，我們就可以下定決心走進未知，然後所有的恐懼都消失了。然而有時事與願違，情況或關係沒有糟糕到足以迫使我們立即採取行動，整個狀況平庸、乏味、沉悶，固執的拖累著我們和其他人。**事情永遠不會好到讓我們想留下來，也永遠不會壞到讓我們不得不離開**。

這種關係和連結，在一個模糊矛盾的支點上保持著平衡，但正如我們已經看過和經歷過的那樣，長時間生活在矛盾中，是非常痛苦和令人窒息的，而我們不必永遠待在那樣的狀態中，我們可以經由練習、建立新的資源，來幫助我們從乏味的蹺蹺板上跳下來，這就是本章的主題。

如果害怕墜落，唯一安全的方式就是自願跳下。

——卡爾．榮格

從內在找到安全感

在這令人顫抖的世界裡，
要如何抬頭挺胸？

當我們缺乏安全感和保障時，會擔心自己無法處理生活中可能發生的狀況，出於恐懼，我們會試圖控制所有發生在我們身上的事。相反的，如果我們承認目前的現實狀況，並試著努力處理它，這個接受的態度就可以成為穩定的支點。

我們可以利用自己內在的資源、力量來掌握生活中四散的碎片。這裡所謂的「掌握」指的是我們不會被恐懼擊敗，找到機會、盡我們所能解決困境，並從經驗中成長，我們的目標是盡量讓碎片落在它們可能落下的地方。我們不再需要擔心如果不保持嚴格的全面控制，一切就會分崩離析。我們認識到，控制的反面，其實只是對現實果斷的說「是」，接受它原有的樣貌，這個「是」可以讓我們從恐懼的束縛以及它的孿生兄弟——想要控制——當中解脫出來。我們不再需要掌控感，因為那不過是紙老虎，我們只需要以「是」為武器，不要求杜絕偶爾產生的無力感，也不擔心事情不如我們想要的結果。

此外，我們大多數人認為，無能為力的感覺和信念是絕對的——是一種對自己或正在發生的事情的準確描述。然而恐懼是一種感覺，不一定能描繪真理，無能為力也不一定是基於現實的一種信念，如果我們不做出這些區分，就會被逼得走投無路，開始想像自己沒有選擇、沒有資源，然後經過多年養成習慣，我們會想像，控制他人和自己的生活狀況，才是能夠做的最佳選擇。

讓我們把控制和權力區分開來：權力是在保有選擇的權利和能力下，對事情產生效果或影響他人。而控制則是透過限制或強迫他人來掌握，藉由控制他人來保持自己個人的權力感，但這根本不是權力，只是專制。對平等的承諾，可以讓我們獲得真正的力量，這也表示我們不再需要控制。我們會相信控制生活或他人是得到力量之劍、可以削減我們的無力感，實在是件諷刺的事，實際上，它只是無力者最後徒勞的拼死一搏，這是一種對別人的霸凌，就像恐懼霸凌我們一樣。防止自己成為無能受害者的真正武器，就是不再聽信那些關於我們自己的「假訊息」。

這裡所謂的假訊息，不是說我們可能會變得無能為力，而是認為控制可以消除我們的無能，讓我們重新掌握權力。生活中有兩個不言而喻的事實：每個人偶爾都會感到無能為力，有時所有人都感到無能為力，換句話說，沒有人可以一直處於有把握、能夠掌控的狀態。掌控並不是解決事情的辦法，真正的藥方是，對我們所有人都必須面對的既定事實說「是」，然後振作起來、撣去灰塵、東山再起。也就是說，自我修復、重新穩定自己，才是真正有用的補救措施。我們不需要害怕無能為力——相反的，它可以成為激發力量的最佳入口。

我們對無能為力的恐懼、對無法控制的恐懼，其實都是對脆弱的恐懼、對悲傷的恐懼、以及一種自我懷疑的形式。要克服這三者，我們需要獲得一種健康的個人力量感，讓我們依次來看：

◆ **克服脆弱**：堅持掌控一切，其實就是試圖讓自己變得堅不可摧：「你傷害不了我！」那是因為我們以為「無能為力」等同於放棄自己的力量、屈服於那些有權力的人，但實際上，那可能只是一種生命常態，有時我們就是無能為力，但那又怎樣？

◆ **克服悲傷**：我們知道如果狀況不能隨心所欲，我們會感到悲傷，為了避免這種悲傷，我們堅持讓一切都按照我們想要的方式呈現。但其實我們可以練習哀悼失去的東西，最後甚至將其視為解決我們悲傷的巧妙方法，而不需要將悲傷儲存在我們的身體內。

◆ **克服自我懷疑**：我們害怕擁有個人的自主權——按照自己內在最深的需求、價值觀和願望去生活的能力和權利。我們害怕，如果不處於一個可以定義我們的關係或團體中，自己就無法處理任何可能發生的事情。我們害怕對任何突如其來的事抱持開放的態度，也害怕進入未知的領域。我們還可能患有「冒名頂替症候群」（imposter syndrome），認為自己是騙子，別人會認同、肯定我們都是被騙了，儘管有明確證據可以證明我們的自主能力和技能。建立自信就如同在窒礙難行的泥濘中奮力跋涉，最後可以讓自我懷疑消失。

卡繆（Albert Camus）在《異鄉人》一書中，以一種鼓舞人心的方式寫給我們所有人：「在寒冬中，我發現在我內心有一個不滅的夏天，這讓我很開心，因為那表示無論這世界如何壓迫我，在我內心深處都有一種更強大、更美好的東西可以反擊回去。」反擊不需要勇氣鼓舞，反而會彰顯勇氣，當恐懼試圖霸凌我們的時候，我們可以反駁：「等等！我相信自己比那個害怕的頭腦所顯示的自己更強大。」這種勇敢的自信，可以讓自己獲得內在安全和保障的資源，而不用與他人困在一段關係中。

孩童時代起，當我們從照顧者那裡一樣一樣學會各種功能，就開始了分離和個人化的過程，發展自己與他人的差異：我們自己爬過房間，而不是被抱著經過；我們自已繫鞋帶，而不是讓父母幫我們繫鞋帶；我們自己吃飯、穿衣服、幫助自己。這些逐步進展的學習過程幫助我們從依賴轉向自主，然後轉向互助合作。

一個健康的家庭可以為我們提供一個基地、跳板，也可以為我們提供一個避難所，在人生任何階段，每當我們需要，都可以回家，得到那些愉快歡迎我們的人的擁抱。回想一下之前提到小鳥的比喻，牠們可以被推向廣闊的天空，是因為之前已得到充分的照顧。相反的，適得其反的做法，不但無法推動我們自己，反而讓我們在成年後、有能力過自己的生活時，留在父母家裡，我們的父母不推動我們展翅，反而圈養我們，讓我們發育不良，儘管責任仍然在於我們自己。

然而，無論在成長發展過程的各項學習上有多成功，人類都無法放棄對安全和保障的需求。從這難以改變的事實中，出現了一種危險的選擇，就是用我們的痛苦來換取安全保障，特別是當我們對自己內在資源失去信心時，就會發生這種情況。我們無法在自己內心找到安全和保障，只好依賴別人去獲取，然後當痛苦成為我們生活的全部時，就再也無法採取行動。

我們發現，滯留在失能狀況中的原因，主要是因為我們的頭腦認同錯誤的等式：將兩個不必然等同的現實連結起來。例如我們之前曾討論過的，我們會把忍受痛苦等同於成功的人生、將愛等同於傷害、與他人待在一起等同於安全和保障、保持原狀等同於忠誠。然而事實不一定是這樣的，我們可以打破那些不能幫助我們成長的等式。而我們確實已經實踐了這一點：作為具有健康意識的成年人，我們已經打破了尼古丁等同必需品、垃圾食物等同樂趣、外在美等同於容易找到親密伴侶等錯誤的連結。

在健康的童年成長階段中，父母並不會試圖把我們塑造成他們認為應該成為的樣子，相反的，他們會很高興看到我們呈現出自己的樣貌。但在某些童年的經歷中，也許為了讓別人接受自己，我們不得不壓抑真正的自我作為代價——又是另一個錯誤的等式。

於是到了現在，在成年生活中，我們可能會繼續迎合他人的需求或期望。通常，在童年生活中讓自己感到不安全的事，在之後的生活中都會一直感覺不安全：我們會過分重視他人是否接受自己，以為如果要被愛，被接受是必要的。我們渴望被接受，渴望獲得它，有時為了被接受我們會花很長時間等待，我們可能會將性等同於接受，或者試圖透過放棄自己的自主權來獲得接受。

不要因為以上任何狀況責怪自己。童年的不足常常會變成依賴，從前的缺憾會讓現在的我們總是覺得不夠，需求變成了依賴的渴望：「我的渴望讓我明白，我一直有需要，但從未得到滿足。」去覺察自己現在有哪些方面想要的太多、或即使已經得到太多，也無法獲得滿足，就可以了解自己在童年生活中，有哪些方面沒有得到滿足——我們的匱乏實際上講述了我們自己的故事。我們不斷的想要更多，從來都不相信我們已經擁有夠多，最後終於做出不符合整體最佳利益的選擇。

但等一下，有一個解決方法：我們可以為過去的不被接受感到悲傷，並在當下以健康的方式，為它找到意義，特別是專屬於我們自己的意義。我們可以培養這種習慣，直到我們終於開始理解生命原本就是這樣：有些人接受我們，有些則不接受。我們開始相信，無論經歷哪一種狀況，我們都可以生存下來、茁壯成長。我們可以透過悲傷，對失去的說「是」，而不是找一個空心的替代品。

過度的口渴，會誘惑我們確信自己看到了一片綠洲，儘管它只是一個海市蜃樓。內心狂熱的渴望，同樣會欺騙我們，渴望會誘惑我們去緊抓一些我們確信可以滿足自己的表象，我們會相信自己需要的遠在他方，而不是在眼前。所有人都犯了這個錯誤，沒什麼好羞愧的，渴望很棘手，因為我們滿足它的能力，可能遠不如填補它所需要的能力，然而誰能填滿一個聚寶盆？

我們的練習很簡單：每次當我們確信滿足感只會在遠處才找得到時，都帶著意識去覺察，然後把鏡子對著自己說：「首先，我要相信這個自己，相信我內在所擁有的。」如果以後我們想用一段關係來填補「這個自己」，我們會非常謹慎的選擇那個人，他將會是那個映照我們自己內在資源的人，懂得欣賞、並希望與我們一起建立內在資源。這樣的人，不是我們很幸運能夠找到他們，相反的，他們與我們如此合拍、以至於根本沒有必要去「找到」他們，這一切都只是自然而然的發生——就像造物創生一般。

我們在本節中提到了需求和依賴，以下是一個有助於區分它們的圖表。圖表中顯示了兩個極端，我們有可能介於兩者之間。此外，無論我們的心理多麼健康，有時在生活中仍可能會有依賴的渴望，同時也要記住，即使有時我們好像表現得很依賴，但可能事實上我們並不真的如此。以下的圖表，可以用來了解那些每日與我們互動的人的狀況。

➤需求和依賴之間的區別

健康的需求，可以被定義為一種幫助事物或關係發展茁壯所需的條件；而依賴則是極端的要求滿足和保證的狀態。

一個有健康需求的人	一個依賴的人
給人的感覺是開放和熱情的	給人一種必須要有的感覺
可以滿足於偶爾獲得的成就感	必須一直滿足，卻永遠感覺不夠
對於對方的一點回應就感到滿足並感激，也可以接受否定的答案	害怕或拒絕對方缺乏回應
當對方值得信賴時，可以信任對方	不能完全信任對方
現在不會試著從某個人那裡得到童年時錯過的東西	現在還會試圖從某個人那裡得到童年時錯過的東西
無論事情如何發展，都有內在資源可以依靠	缺乏內在資源，所以必須在別人身上找到它們，缺乏自力更生或在結束後重建的能力
自我滋養、自我穩定、自我調節	無法自我滋養、自我穩定、自我調節
具有獨立性，並尋求互助合作	極端依賴
尋求關係是為了更豐盛	尋求關係以求生存
不需要持續的保證	需要不斷的保證

完全可以獨處	不能忍受長時間獨處
尊重對方對獨處時間或距離的需要	無法忍受對方想要獨處或離開
可以想念對方而不勉強聯絡	無法忍受對方的缺席
可以接受對方缺席一陣子	把任何缺席都當作遺棄
會保持聯繫，但不會太頻繁，或以侵入、干擾的方式聯絡	必須持續保持聯繫，例如一整天發訊息或打電話，甚至跟蹤
不必隨時知道對方的下落	必須隨時知道下落
自持	依附
有時會要求一個擁抱並尋求愛	要求一直牽手擁抱，並必須給予持續的愛
當雙方都有需求時，可以享受性愛	性愛的需求超過合理程度
尊重限制和界線	無視限制和界線
可以接受適度的關注	需要成為別人關注的焦點，而不是共享舞台
可以自信的表達需求，以詢問的方式	強迫對方滿足自己的需求，以要求的方式

很高興對方有自己的朋友圈	將對方的朋友視為競爭對手，並懷疑他們正試圖將對方帶走
可以接受對方與特別的朋友有特殊親近的關係	會以偏執的嫉妒來回應
不易被觸發	不斷被觸發
自立	依靠
準備好建立親密關係	在戀愛之前需要處理個人狀況

我的朋友，當我不再需要你的時候才會來找你，然後你會看見一座宮殿，而不是一間貧民救濟院。

——亨利・大衛・梭羅（Henry David Thoreau）

面對我們的自欺欺人

當狀況不好的時候，我們可能會欺騙自己，認為一切都很好。我們也可能會騙自己有希望，實際上卻完全沒有希望的跡象，我們可能一廂情願的認為繼續下去，關係就有可能改善。每個人偶爾都會這樣，那是作為人類本來就會有的天性。

正如常可見到的，我們不讓自己知道那些令人感到不安全的事實，也不讓自己採取那些感覺不安全的行動。這不是怯懦，而是有理由的，我們的心靈會優先尋求安全和保障來保護我們的脆弱，只有這樣，它才能讓我們去面對、處理和解決問題。

雖然有時我們不讓自己知道到底發生了什麼，但至少可以在身體裡感覺到受傷、憤怒或沮喪，這有助於讓我們向自己承認，內在已經在持續發出「好痛！」的警訊。或者，我們向可以信任、會給我們善意回應的人發出信號，然後就更容易看清自己是否在欺騙自己，一直假裝我們在家庭、工作或任何團體中的關係真的還有救。

我們可以透過「5A」清單，來釐清自己是否在欺騙自己，並且確認一段關係是否仍然健康。「5A」指的是，可以健康滿足「愛的需求」的元素：關心（Attention）、愛意（Affection）、欣賞（Appreciation）、接納（Acceptance）、允許（Allowing）。這些應該都會在伴侶之間互相交流，我們可以問問自己，這些是否存在於我們的關係中：

◆ **關心**：雙方都表現出體貼，關心彼此的感受、需求和重視的事。我們真心聆聽彼此，當其中一方或雙方對某件事感到痛苦時，我們會聽出弦外之音。

- **愛意**：會依照各種關係的本質，自然的流露愛意。在親密關係中，會包含性愛和其他形式的身體上的愛；而在工作的同事或客戶關係中，會包含善意和支持的愛，但不會有身體上的親密。
- **欣賞**：我們會互相表現出欣賞與感激之情，而不是把單方面的付出視為理所當然。我們重視彼此，珍惜彼此的個性，我們堅定的相伴，但也承認彼此的獨立性。
- **接納**：我們接受彼此原本的樣子、缺點和所有一切。接納就是如實的歡迎對方的原貌，把一個人黑暗或光明的特性都迎入我們的心中，沒有批判。從這個意義上來說，接納就是一種正念——一種靈性的修行。
- **允許**：我們不會限制彼此去追求各自的幸福。允許是對於自主性的一種支持，不需要獲得許可就可以享有自由，甚至有權利法案（Bill of Rights）的保障。允許作為一種愛的形式時，就是承認和尊重我們的自由，它是控制和干預的反面。允許也可以涉及情緒，我們相信人類所有的感受都是受歡迎的，可以用自己獨特的方式表達出來。

當我們感到被愛——也就是擁有上述的5A時，我們就會有安全感和保障感。這通常發生在一個支持的環境中，也就是說，在那樣的環境中，我們會產生安全感型依附（secure attachment），而這正是5A所要培養的。如果我們在人際關係中，真的發生一些難免的裂痕，可以透過那些支持我們的人那裡得到5A來恢復自我：「我正在尋找那些錯置或被剝奪的自我碎片，而你的愛，可以幫助我找回它們。」

5A是一種特質，對每個人來說都是獨一無二、沒有標準、沒有一個尺寸適合所有人，每個A都必須根據伴侶想要、或如何接受它而進行個人化。馬特對貝蒂的愛，就像他對生活中所有其他女人所表現的愛一樣，但貝蒂想要的是一種專門為她而存在的愛，有她自己獨特的觸摸和擁抱。而在親密關係中，5A的任何一項都需要如此。

除了愛之外，馬特和貝蒂都需要、並瞭解**對彼此的關心**、**欣賞**、**接納和允許都不是現成的**，**而是量身定製的**，當然，他們各自要讓伴侶知道所謂量身定製是什麼樣子。然後，他們還需要擁有能力和意願，以一種獨特的方式來愛一個人——愛情發生的唯一方式。我們可以看到，在這一切之中，讓自己做好準備是多麼重要（在尋找伴侶時，我們希望這個人已經為親密關係和承諾所需要的一切做好準備，或正在做準備）。

當我們與某個人／某些人相互給予並接受5A時，就產生了親密感：

◆當你給我這5A（關注、愛意、欣賞、接納、允許）時，我知道你愛我。
◆當我把它們給你的時候，你知道我愛你。
◆當我們收到它們時，我們感到被愛。
◆當我們給予它們時，我們是在表達愛。

在童年時期，我們時時刻刻都需要5A，而在成年以後，我們只需要以適當的方式、而且只有在大多數時候才需要它們。衡量以上兩者，我們可以知道自己在關係中成熟與否，而這也是放下對「更多」、「永遠」、「完美」等不合理期待的關鍵。我們是否處於一段良好可行的關係中？每個人都可以問自己以下的問題，當答案是響亮的「是」時，就表示我們有一段良好可行的關係；當所有答案都是響亮的「不」時，這段關係就已經無可救藥了：

◆我是否和一個真正關注我的需求和感受的人在一起？
◆我被原原本本的接受了嗎？
◆我是否因自己所做的事受到感激？是否被欣賞？

◆ 我是否得到自己渴望的感情？

◆ 我是否感到被允許和鼓勵，以我自己最深切的需求、願望和價值觀生活？

當我們根本無法回答這些問題時，就表示我們可能在欺騙自己。相反的，當我們一直說「我不知道這段關係是否可行」，如果已經有很長的一段時間都這樣說，就表示這段關係已經不起作用了。

自我欺騙會干擾我們的認知和力量。換句話說，如果我們沒有給自己這份允許、讓自己去認識關於自己的真相，我們可能就無法看清，現在已經是那個時候，該對很久以前就結束的那件事情放手了。一般來說，絕大多數人都很難接受《李爾王》中的建議：「在這個悲傷的時刻，我們必須臣服，並且說出我們的感受，而不是說那些我們應該說的話。」

撫平內在的批判者

當你把他們的聲音拋在身後

星星便開始閃爍
然後穿透……

——瑪麗・奧利弗（Mary Oliver），《旅程》

我們內心的批判者，是那些已經放棄我們自己的部分，它向我們拋出許多「不能」和「應該」：**你不能離開、你不能獨自完成、你應該留在原地**。內在的批判是一種心理狀態，通常來自過去，它是我們學習而來、並不是與生俱來的東西。那是生命過程中，一些批判我們的人和團體——包括家人、同儕、宗教、學校、社會——的回音。這種心態已經內化成為我們心理機制的一部分，大多數人都內化了一些過去感到羞恥的訊息。

內心的批判者通常包括父母責罵我們的聲音，這個聲音在我們身上有它自己的生命，所以我們會以為聽到的是我們自己對自己的準確評估，但實際上，那只是一種熟練的腹語術。然而還是有個好消息，既然批判者只存在於我們的頭腦裡，那麼我們其實可以改變聽到的訊息，我們可以輸入愛心栽培的父母、或善意的教練的聲音，一個鼓勵我們、並增強我們自尊心的人的話，我們可以在腦海中聽到自己想從父母那裡聽到的話，也可以聽到父母（或生活中任何支持我們的人）曾經說過的話。所謂的培養，就是5A

所表現出的關懷——也是快樂的源泉！

我們可以馴服或讓內心的批判者安靜下來——這個內在的敵人告訴我們不能行動、不能做出準確的評估、不能做出明智的選擇，所以我們總是別無選擇。但我們可以不用鞭子、而是用溫和的勸導，將負面的聲音導向自我支持的頻道，不再自欺欺人。我們可以對自己說：「我從自己那裡聽到的很多內容，都不是真正的我，我允許支持自己的聲音有發言權。」

要模擬內心批判者的姿態，有一個方法是，讓聲音聽起來總是像最後決定：**這就是你，是你，是你的全部**。它的判決是絕對的：**你就是有罪的**、**軟弱不足的**。它不是暫定的，它不開放討論、不解決，不找出替代方法——正因為這種模式才讓我們陷入困境。事實上，內心的批判者憎惡旅程的概念，它只想讓我們保持不動、不進化，換句話說，是恐懼的霸凌手段，這就是為什麼它對我們喃喃說的一切都不可能正確。

內在的批判者站在自我責備、自我犧牲、自我否定、自我厭惡的一邊，它不愛我們。而且，內心的批判者會將一個特定的經驗擴大成致命的概論：「她不喜歡我」變成了「我不討人喜歡」，而今天發生的事情就成了明天的判決。內在的批判者是邪教徒，他們否認佛教認為每個人隨時都可以開悟解脫的教義。

✓將內在批判者轉變為內在盟友的六種練習

以下是將我們內在批判的聲音，重新設置成為自我擁護的方法。選擇其中任何一項，或每天嘗試一項來做練習：

練習一：將「過去」改成「現在」

在你的日記中，列出三項來自內心批判者的負面訊息，將每個語句與它的源頭聯繫起來，通常，源頭都來自童年生活。想想這在當時是適當的嗎？而現在仍合適嗎？當時你感到什麼樣的羞恥？你第一次是在哪裡聽到的？誰說的？他們是想幫助你還是傷害你？不以責怪任何人的心態、只是作為檢視，去看看這些訊息。

練習二：將「總是」改成「有時」

注意內在批判者的語氣是否都是絕對的：「你總是……」、「你永遠不可能……」在這種絕對的陳述下，寫一個更具包容性的陳述，不需要否認重點，只要將絕對性的語氣減低到相對性的：「是的，我經常不能……」和「有時我可以……」如此，就可以把一個針對自己的負面批判，轉變成一種所有人都可能發生的中立事實。

你提醒了內心的批判者（也就是你自己）不完美與不足是人類的特徵，我們所有人偶爾都會犯錯、行為不當、失敗，而這是理所當然的。藉此也讓自己感受到，自己與所有其他人類都有所關聯，並提醒自己，這麼做，也是承諾自己會盡己所能，來彌補所有的失敗——而這是最重要的。正如喬・拜登（Joe Biden）在二〇二〇年民主黨大會上所說的：「失敗在人生的某個時刻是不可避免的，但放棄是不可原諒的。」

練習三：覺察呼吸

把內在批判者的訊息，放進一個充滿覺察的容器裡：和那些批判的陳述一起坐下來，將它們裁切成批判、羞恥、相信、侮辱、觸發，讓它們簡化成頭腦中的單詞，並像這樣為它們貼上標籤。一邊做著這一切，一邊將注意力不斷回到自己的呼吸——這個終生教我們吸（接納）和吐（放手）的老師。

練習四：表達對自己的同理心

內在的批判者，常常無視貶低給我們帶來的痛苦，不在乎我們的感覺受到傷害，讓我們的自尊心變低。然而，我們自己可以介入，並給予自己同理心，作為批判的解藥，而這麼做，實際上也是在幫助我們的內在批判者變得富有同情心。我們的練習還會擴散到內心批判他人的聲音（它們總是默默或以口頭方式批判他人），在這方面，我們也可以將批判轉化為同理心，了解所有被批判的事情背後，都存在著某種痛苦。

我們的練習是，去發現那些做著我們認為錯誤的事情的人感受到的痛苦；例如，我們批判某人有控制欲，而在他的行為背後，可能存在著強迫和恐懼的痛苦。我們重新訓練大腦，以便讓內在的批判自動重新轉為富有同理心的聲音。

練習五：給予均等的機會

內在的批判者通常對即將發生的事件，都抱持著災難論，認為肯定會發生最壞的情況，讓我們一直擔憂結果。然而，擔憂是可以減低的，只要我們對災難之外的其他可能性抱持開放態度。

作為一種練習，我們可以擴大推測未來的內容：給予災難相反結局一個均等的機會，承認最壞的情況也可能不會發生。我們可以把雙手伸出來、手掌向上，想像一隻手握著負面的推測，另一隻手握著正面的推測，當我們看著正面結果的手時，可以看見自己充滿感激，而看著負面的手時，可以看到自己正勇敢的處理任何發生的事情。我們允許自己的心思朝兩個方向發展，但在兩個方向上，我們都找到了積極正面的東西。

練習六：召喚我們的靈性資源

在這個練習中，召喚適合你自己的靈性資源來支持你：

菩薩，請幫助我欣賞您的智慧和慈悲。

聖靈（聖神），我感謝您的恩典，請幫助我欣賞它們，並讓我派上用場。

願宇宙融入我個人的進化。

以下是將上述練習，與靈性資源結合的三個例子：

- **內在批判者**：你犯了愚蠢的錯誤，因為你很愚蠢。
- **你理智的聲音**：像所有人類一樣，我有時會犯錯，但我也盡可能的彌補。
- **你的高我**：我領受了智慧的禮物，願它在我內在繼續綻放，並穿透我，在這個我正在實踐的練習中持續綻放。

◆**內在批判者**：你永遠不會有任何成就。

◆**你理智的聲音**：像所有人類一樣，我有時會成功、而有時不會，我承諾盡我所能去活出一個有價值的生命。

◆**你的高我**：我對自己、對他人、對世界都有很大的價值，願我可以清楚的理解這一點，並為此心存感激。

◆**內在批判者**：你沒有什麼價值可以提供給伴侶或你的工作。

◆**你理智的聲音**：像所有人類一樣，我有一些寶貴的特質，也會繼續學習知識和技能，雖然無法控制是否能讓人看見，但我會繼續展示它們。

◆**你的高我**：我擁有任何人都擁有的所有崇高美德和恩典，也會不斷提升技能，以完成我的召喚。願我感恩，並繼續與我周圍的世界分享我的天賦。

我們不必太擔心上自我欺騙的當，因為高我★會不屈不撓的與偽裝的小我戰鬥。不

★編注：高我（higher self）是我們內在最接近靈性源頭（或「神」）的部分，與小我（ego，或稱自我）相對。

同的狀況和人物會不斷出現在我們的人生舞臺，這將揭穿各種人設和陰謀，讓那安然藏在千面偽裝下、傲慢的小我感到威脅。既然這本書的次要主題是放下膨脹的小我（它是墮落的預兆），所以就讓我們把握這個機會來練習。

本書提供了許多練習，並提出許多建議，幫助我們改變與自己、與他人、與這個世界相處的方式。如果沒有努力處理自己的問題，沒有人可以完美或完全成功的建立新的思維方式和行為，更何況，準備就緒的時機，通常發生在我們達成了許多改變的工作之後。

我最大的樂趣之一，就是在這個練習過程中，知道自己愈來愈像一個初學者，並對這個身分的自己非常友善。

> 我的天路歷程，是走下一千個階梯，直到終於可以向我所在的一方冷酷土地伸出友誼之手。
>
> ——卡爾．榮格回應一個剛讀過《天路歷程》（*pilgrim's progress*）的學生所問的問題，他問：「天路歷程是什麼？」

面對懊悔

像一個老毛病般熟悉，又像懊悔般徒勞無功。

——埃德溫・羅賓遜（Edwin Arlington Robinson），《比威克・芬澤》

懊悔是內在批判者最喜歡的事。所謂懊悔，是對過去的選擇感到遺憾，現在的我們認為這些選擇是錯誤的，但既然過去不能抹去，所以懊悔也無法消失。我們要努力的並不是擺脫懊悔，而是全心全意、有效的面對它們。

我們可以先意識到，過去發生的事情不必被視為全部。懊悔常讓我們動彈不得，因為內在的批判者會喃喃叨念：「你犯了那麼多錯誤，都是因為你不夠好、又沒有能力，你實在太糟糕，無法解決任何事情，也不敢嘗試新的東西。」這是恐懼的聲音，是一切懊悔之王。然而，只要我們接受每個人生來就會犯錯、無作為、衝動和做出不明智的選擇，那麼懊悔就不再是羞恥。也就是說，我們可以對人類所有可能面臨的困境及其各種陰謀說「是」。

正如前述所提，懊悔會將人類必然會產生的經驗和想法，單獨指向我們，然後在這種孤立我們的狀態中茁壯：「只有我才會做出那麼愚蠢的事。」但實際上，我們每個人都曾那麼愚蠢和糟糕。如果我們在這個脆弱的人類族群裡，給自己多一些同理心，就能減弱懊悔的影響，甚至，懊悔可以幫助我們培養謙卑的美德。

此外，懊悔跟悲傷也有關。懊悔（regret）字根「gret」的意思就是「悲傷」（grief）。我們在悲傷的經歷中，不斷輪迴重複，從不解決它。這就是為什麼遺憾不斷啃噬著我們，因為我們一再重複，而不結束它。其實所有的錯誤和失落，都可以找到一種哀悼的方式，懷舊感傷，然後放手。但如果我們中斷這個儀式，最終都會陷入懊悔。

用寫日記的方式，我們可以觀察到懊悔與各種生命議題的關聯，進而處理遺憾：我們把所有遺憾、煩惱、倒霉的經歷、犯的錯誤都提出來，問問它們是如何嵌入我們生命中的，而我們從中又如何找出有用的部分。這將會為我們的生命揭示一個清楚主題，一個屬於個人的神話，一個我們原本就擁有卻不敢讓自己知道的獨特性。

我們可以特別專注於找出自己被壓抑、否認或拒絕知道的一些特徵，這可能會讓人感到危險，但確保這個練習的隱私可以讓我們有安全感。我們可以對自己說：**我現在只對自己承認自己的黑暗面**，這樣做可以釋放一直被我們無意識禁錮的活力。這裡有一個例子：我們可以很誠實的問自己，在生命中是否／如何真誠的愛過，我們會承認某些逝去的、對他人的愛實際上是控制或佔有，然後順著這個線索，我們可以與那些花了許多年陷在我們的控制與佔有中的人對話：今天，我們想提升自己愛的方式，讓它變得真誠。這樣的懺悔將有助於培養謙卑，而這是所有美德中最動人的。

我們可以練習將懊悔「未來化」：我們可以將自己因犯錯而感到沮喪，轉換成欣賞自己從錯誤中得到成長，然後向自己承諾一個未來，在這個未來裡，我們會小心翼翼避免犯同樣的錯誤，我們將設計一個更有智慧的未來，**我們已經把過去的受害者變成了過去的學生**。

克服我們積壓的悲傷

在你走後，無可否認……你會感覺憂傷……

——〈你走了之後〉，亨利・克萊默（Henry Creamer）作曲
特納・雷頓（Turner Layton）與雷・謝爾曼（Ray Sherman）作詞

這段歌詞，傳達了一個我們不太注意到的含義：它提醒我們，悲傷往往伴隨著各

種離去——無論情況多麼糟糕或多麼美好。我們天生就會為任何事情的結束感到哀悼，即使是高中的畢業典禮，因為那意味著，我們原本已經綻放的友誼，現在即將消失或淡出，然而我們對接下來可能發生的事情感到興奮，因此沒有去觸碰到自己對這個結局產生的悲傷。

我現在回想起自己的畢業典禮，都還記得女孩們在儀式上哭泣，而這是我們男孩不敢做的事情，但現在我才意識到女孩們是健康的，她們順從自己的悲傷，讓它可以發聲和流淚。悲傷，是一種經歷並跨越事件（無論是正面或負面的事件）的方式。那不會阻礙我們的懊悔，而是平順的過渡、並給人一種結束感的悲傷，是一種推動變化的悲傷。所有轉變過程都需要把焦點放在結束、感到悲傷，然後開始、感到興奮這兩個面向上。

在生命痛苦的篇章即將結束時，我們當然很高興被釋放，然而悲傷卻仍然在那兒。我們並不是為那難以持續的困境終於結束而感到悲傷，我們並不懊悔終於離開那無藥可救的狀況，我們悲傷的是，在一開始的時候堅信這樣的連結對我們來說肯定是完美的，我們為自己最初的希望——以為我們的關係、工作、組織或信仰可以如表面所見真正發揮作用——最後卻終於崩潰而感到悲傷；我們對那些等著自己去經驗美好的期望幻滅而悲傷；我們為那理想版本的伴侶或關係原本應該提供的東西——例如，幸福——終於崩潰而哀悼。

我們哀悼的是一個事實，這個事實很快就變得太鮮明、以至於無法推開：我們正陷在一個無論如何都無藥可救的困境中。我們可能不會稱之為悲傷（也許稱之為失望或其他情緒），但它仍然是悲傷。我們的身體肯定處於一種壓力模式，藉此可知，頭腦正在否認悲傷。

沒有人願意因為預見一段關係、或職業生涯，才剛開始不久就要結束而感到悲傷，我們很可能會說服自己擺脫它。但悲傷並沒有消失，它像鼴鼠一樣進入地下——也就是說，進入我們的無意識。它等待時機浮上表面，而當最後的結局終於來臨時，就是這個它浮現的時機。

當我們第一次在親密關係或人際互動中，感受到空虛感時，可能會認為空虛感會慢慢被填滿，這想法對於新月是合理的，但對於我們人類來說卻不起作用。哀悼等待著，對失去或失望感到悲傷，對期望被勾起卻從未實現感到憤怒，對木已成舟卻看不到任何出路感到恐懼。「我已經結婚了，不能這麼快就放棄。」、「我才剛開始這份工作，不能這麼快就辭職。」、「如果我現在離開，人們會嘲笑我，因為他們會發現我惹上了麻煩、犯了大錯。」

最後，經過多年嫌惡自己所處的狀況，終於找到真正適合我們的職業或工作，我們迅速（或許在一夜之間？）忘記了前者。幾年後，我們從自己很享受的這份新職業中退休，然而，在退休後我們卻開始感到悲傷，部分是因為職業生涯結束而感傷，但我們發現內在的悲傷遠超過退休所引發的，最後，我們也許可以意識到，那是來自先前令我們感到無望的職業所引發的悲傷。沉默已久的悲傷一直儲存在潛意識裡，現在終於找到適當的時機發聲。

悲傷會怎麼呈現？我們可能會陷入以下三種負面狀況中的一種或多種狀態：

狀況一：失去希望

我們曾希望擁有一段金光閃閃、耀眼的經歷，但現在我們的希望像鉛塊一樣墜落。在一件事剛開始發生時，我們幾乎不可能感到全然的悲傷，自然傾向告訴自己：一切都會得到解決、它會變得更好。我們否認自己的絕望，轉而支持一廂情願的希望。

狀況二：感到無能為力

我們相信自己無能為力去改變處境。我們被願望驅使，去嘗試讓事情起死回生，當情況沒有好轉，我們會非常生氣並遷怒伴侶或同事。我們可能會陷入絕望，變得沮喪和無精打采，最後不再關心那無聲吶喊的囚牢裡會發生什麼事了。

狀況三：迷失在分散注意力的事情中

我們可能會用其他較健康的新方式來安慰自己，同時仍然與某個束手無策的狀況聯繫在一起，也可能轉向對事物上癮、或其他不健康的逃避形式。在一段關係中，我們可能在這個階段發生外遇；在工作上，我們可能會懈怠或偷工減料，甚至可能以不道德的方式佔用職業津貼；在宗教信仰中，我們可能會變得痛苦，相信自己被欺騙了。

有一個非常寶貴的練習，就是去回顧生命中的每一個篇章，並理所當然的認為，每一篇章在結尾時都會感到悲傷。然後問問自己，我們是否感受到它了，還是選擇逃避，如果我們逃避了悲傷，當初沒有流下的眼淚，仍在排隊等待輪到它們流淌。我們現在可以讓自己感受這份悲傷——永遠不會太晚。多年來，有部分悲傷可能已經被釋放出來，只是我們沒有注意到，許多新的眼淚其實都是來自過去，在當下增加了從前累積的分量。在看電影的時候哭泣，可能不僅僅是因為角色觸動了我們，有可能那是來自生活中、所有我們需要被觸動卻避開的時刻。

我在這裡分享一個故事，可以將我們的主題與時機的奧祕相結合，我們會看到時機如何與共時性（有意義的巧合）相關。二十七歲時，當我正在拜訪我的朋友喬治時，他去接聽一個電話，在等待的時候，我讀著他的書《小王子》。我隨意翻開書本，眼睛落在朋友畫線強調的一句話上：「淚水的世界是多麼神祕啊。」

我記得自己被那句話的感性所震撼，我知道它具有深遠的意義，但也明白它包含的深度比我當時能夠理解的要多更多，我知道自己還太年輕，無法遊覽這片淚水之境，無法探索它神祕的地貌。儘管如此，從那之後，那句話就一直縈繞在我的腦海裡。現在回想起來，我當時應該是想保存它一段時間，直到自己成熟到足以掌握它的重要性。在這五十年裡，許多眼淚來來去去，我已逐漸了解它的基本含義：也許正如上述深思熟慮的文字中所示。

每個結束都會有眼淚，唯一的問題是它們何時才能被釋放。我們最自然的反應是大聲哭泣，而習慣性的逃避方式，則是把悲傷隱藏起來，直到我們允許自己流眼淚的時候，才真正完成了悲傷，並能繼續我們的下一步。**我們逃避悲傷的真正原因，是對悲傷感到恐懼嗎？**

某些悲傷會強烈召喚我們，例如當一些與我們親近的人英年早逝。但是還有一種無聲的悲傷，在內在深深的攪動，而我們卻猜不到它在那裡。悲傷與愛有關，我們會為失去所愛、或曾經愛過的而感到悲傷。威廉．巴特勒．葉慈（William Butler Yeats）的詩《蜉蝣》中有句話說得很好：「我們的靈魂，是愛和無盡的告別。」是的，既然一切都是無常的，那麼悲傷就是一種必要的技能，因為總有一些東西正在逝去或已經逝去，所以我們心中時刻準備著告別。

如果我們根本不關心悲傷，可能會在幾年後發現自己仍被它糾纏。當類似事件發生時，它就會突然觸發，讓我們想知道，為什麼自己對失去一些無關緊要的東西感到如此難過，甚至當我們放棄一些不太在乎的事情時，產生的悲傷反應，讓我們自己都覺得不成比例。我們說不清楚，也無法解釋，因為這會打開一個讓自己無法承受的潘朵拉盒子。我們被過去的悲傷所拖累，這樣的悲傷從未公開被聽見，更不被允許自我解釋，悲傷等待著自己登場的時機——而且絕對不會錯過。

把悲傷說出來。說不出口的悲傷，會對負荷過重的心竊竊私語，讓心碎裂。

——莎士比亞，《馬克白》

篩選練習

我們不能再認同，信仰就等於相信國家、社會或科技造就的神話。

——多瑪斯・牟敦（Thomas Merton），《信德與暴力》（*Faith and Violence*）

我們會忽視自己的成年生活和所做的選擇，一直被過去影響，是因為我們常常吸收了某種態度、偏見和信念，便毫無懷疑的一生都保留著它們。其中有許多，都是在我們有能力判斷、甚至注意到它們之前，就被家庭、學校、宗教和社會偷偷滲透進我們的大腦。我們一直承擔、並保留著一些現在可能需要升級或拋下的東西，其中一些承續下來的態度，已經成為一種驅動力，支配著我們生活和行為的準則，它們就像是過去被燒毀的住宅基地碎片，現在堆積在我們新家的地基之下。

我們有時會堅持保留他人所設定的定義，而不是把它們留給過去。這包括了文化傳說、過時的觀念、社會制約，它們已經成為我們認同自己身分很重要的一部分，而我們幾乎不會注意到它們，或者事實上，根本沒有注意到它們。我們甚至會有意識的保有它們，想像那是讓自我保持一貫所必需的。例如，我們被教導，世界是有因果紀律的，所以常會聽到自己說：「我必須得到一個解釋。」這是因為我們預設人們做了什麼、發生了什麼，總是有原因的。

另一方面，當找到讓我們困惑的原因和解釋，就更加讓我們相信一切又回到控制之中。這種對現實的誤解，讓人們以為自己在做決定和行動時，總是理性的，而鑒於自己一生的經驗，我們現在可以笑著質疑這一點。

忠於童年時期的宗教信仰，為我們提供了一個現在值得質疑的實例：如果我仍然想要效法偉大的大衛王（達味王），那麼我相信，天主教所教導給我的，在某種程度上、以某種方式、在某些地方都是必要的。但如果我繼續堅持那樣的認知，在多大的程度上會讓我被它帶來的偏見和侷限所束縛？而在這種情況下，如果想要繼續這個信仰，就意味著要將信仰提升，這樣才能擺脫多瑪斯．牟敦警示我們的「神話」。

在柏拉圖《蘇格拉底的申辯》（*Apology Socrates*）中曾提到：「未經檢驗的生命不值得活。」作為成人的一個重要任務就是，檢驗我們所接收到的一切，藉此找出哪些仍然適合我們。我們可以檢查頭腦中各種細微或鮮明的內容，保留那些可以反映我們作為一個成年人身分的東西，拋下那些不再或原本就不適合我們作為一個聰明正直的人的東西。以下的篩選練習會做很詳細的詢問、分辨與檢驗，可能需要與親密好友或治療師一起進行，寫日記的方式也有幫助。

篩選通常無法一次完成，畢竟探索心靈中無數的收藏品，需要很多年的時間，主要是因為訊息大多不是很明顯，它們現在幾乎都處於未被注意的過程或狀態，而且存在於一個我們可能會覺得抗拒的領域。

篩選的方法有兩種：絕對和相對於環境的篩選法。絕對的篩選法，是用完全保留或完全捨棄的方法做選擇。而相對的篩選法，則是取決於它們對我們現在成年生活有用的程度，來決定保留或捨棄。讓我們不分類別的來做一個測驗：當我上中學時，母親帶我去買我的第一套西裝，當我們在挑選顏色和樣式時，她告訴我：「大衛，你永遠要選一套可以在葬禮上穿的西裝。」而像這樣的建議，就是可以完全捨棄的——我對母親沒有偏見。

這裡另外有一個例子，可以說明什麼是非絕對、也就是相對的篩選。在幼稚園時，老師讓我們在走廊上排隊，她下達了三個指令：1「排成一直列。」2「保持你在隊伍中的位置，不要試著搶在別人前面。」3「在隊伍中不要說話。」現在可以問問自己，會選擇保留哪條規則，就很容易對它們進行篩選：我們選擇保留1和2而捨棄3。因為我們意識到，1和2的建議，在這個尊重排隊的文化中，對我們一生都很有用且必要。

另外我們也意識到，「不要說話」是為了不打擾其他教室裡的學生，因此，雖然它確實適用於生活中，但只限於當談話可能會打擾其他人的時候，在超市、監理站或火車站時也要排隊，但我們可以自由的與前面或後面的人聊天。而當有其他人在附近工作、並需要集中注意力的環境中，我們要不是根本不說話，就是非常小聲的說話，因此，對規則3選擇捨棄一半。

在下面的清單中，會有一些確認事項，可以幫助我們進行仔細的查驗／篩選，以確認哪些訊息是我們仍然要遵循的，哪些則是要捨棄的。這些訊息在下面都有明確的說明，但我們仍要提醒自己，這些訊息和其他類似的訊息在傳達給我們的時候，大多是曖昧不明或沒有被說出口的。我們還會問，其中有哪些在某種程度上是有用的，所以我們可以選擇不完全捨棄它們。

關於家族的訊息（包括祖先）

- 無論你的家人如何對待你，都保持對他們的依戀。
- 你在家庭中有一個特定的角色，例如，照顧者，你絕不能偏離。
- 你比其他兄弟姐妹、或比任何人更好或更差。

- 如果你越界了，你的父母，也就是權威者，可以用任何他們想要的方式懲罰你。父母有權虐待或傷害你。
- 你必須像你的父母一樣，或者選擇他們想要你成為的未來。
- 無論你是否想要或需要，都必須繼續工作。
- 你不能因為離婚而讓家人難堪。
- 堅持對那些你被教導要貶低或看不起的人帶有偏見。
- 如果你展現或做完整的自己，就必須自己承擔風險。
- 你不能質疑雙親的權力。
- 有多少成分的真實自我，把你嚇得魂不附體？

關於學校的訊息

- 必須忠於學校的價值觀和偏見。
- 不要為了脫穎而出而讓自己與眾不同。
- 只有成績才重要，成為一個自由行動派，或擁抱那些超越學術價值的各種行為，都不重要。

- 成為一個好學生和好公民意味著服從。
- 你在這裡是為了熟背而不是思考。
- 不要問很多問題。
- 始終遵守所有規則。
- 如果你展現或做完整的自己，就必須自己承擔風險。
- 你不能質疑學校的權威。
- 我到底受了什麼樣的教育？

關於宗教的訊息

- 忠於你童年時信仰的宗教。
- 你所信奉的宗教是唯一真實的宗教。
- 父權制就是一切、而且必須掌控一切。★

★許多女性仍然忠於一種剝奪她們權利、禁止她們擁有自主權、並以許多方式表現厭惡女性的宗教。為什麼女性會困在這樣的氛圍中？其中一個可能、也是不幸的答案是，她們已經習慣了在家庭和其他地方、甚至在任何地方被男人利用和虐待。當我們活在只有順服才是安全的環境中，會開始不相信自己應該得到自由或尊重。我們以犧牲自己內在的自由為代價，屈服於各種規則。

◆女性沒有自己身體的自主權。
◆神是男性。
◆幸福是來自上帝的獎賞，因為你一直表現良好。而痛苦是上帝的懲罰，因為你一直都很壞。
◆婚前發生性行為或隨意進行自慰都是錯誤的。
◆如果你發現有同性戀的衝動，永遠都不要採取行動。
◆如果你展現或做完整的自己，就必須自己承擔風險。
◆你不能質疑教會的權威。
◆我想像力中的哪個區域被關閉了？

關於社會的訊息

◆「效忠國旗」的意思是，無論「我的國家對或錯」都保持忠誠。
◆「人人享有自由和正義」並不適用於我們所有人。
◆白人比其他人種優越。
◆戰爭是有道理的，參與戰爭是一項義務。

- 愛國主義代表服從政府的任何命令。
- 不要反對既定的秩序或政策。
- 地球在這裡供我們使用，動物也是。
- 無論付出什麼代價，取得成功都是合法的，並值得稱讚。
- 金錢是我們的核心目標、價值和目的。
- 美好幸福的生活，是擁有物質財富的結果。
- 對那些你被教導值得貶低或看不起的人保持偏見，特別是在投票時。
- 如果你展現或做完整的自己，就必須自己承擔風險。
- 你不能質疑政府的權威：「順者生，逆者亡。」（是的，前美國總統柯立芝〔Calvin Coolidge〕確實曾這麼說過，我在影片上曾看到和聽到這段話，我甚至重播了一次，以確保自己沒有聽錯。此外，我注意到他以一種傲慢且不容辯駁的態度說話，好像在給我們所有人一個合理的警告！不過，公平的說，他指的是一種特定的罪行，而不是宣告一種普世哲學——至少沒有明確的宣告）
- 在我知道如何篩選之前，到底有什麼滲入我的內在、或從我身上滲出了什麼？

我們可以有意識的決定哪些訊息有助於我們趨向完整，哪些訊息不能。有些訊息在我們成人後，可以不費吹灰之力捨棄，有些則需要我們去覺察、處理和解決，有些可能無論怎麼做都無法擺脫。

在日記中條列這些訊息，可以幫助我們一目了然看到，哪些是自己想要保留的訊息、哪些是想要捨棄的訊息，我們可以將這兩種選項列在並排的頁面上。在紙上重新寫下我們要捨棄的項目，然後燒掉它們，而那些選擇保留下來的，都是可以讓我們肯定真實自我的訊息。我們知道，當自己保留想要的、捨棄不想要的選項時，我們已經變成了真實的自己，會過著貼近真實自我的生活。那些不再有用的，已經得到適當的處理，而真正有價值的，我們會帶著感激去珍惜。

我們當中有些人，將別人認為我們是怎麼樣的人的看法，內化成自己的主要成分，我們接受他們對我們的描述，並一直忠於此。這也是一種停滯困頓的形式，比本書到目前為止描述的任何停滯形式都更微妙，也更令人心酸。我們最根深蒂固、最不易被注意到的成癮，就是對虛假自我的依戀，直到現在我們還是認為：「我必須、也需要成為我自認為的那個人。」

在能夠分辨真假之前，自我被許多善意、或不怎麼友善的來源暗中制約著，而且我們可能拚命想要緊抓依附這樣的自我，它被雕琢出來、精心保存著，在這樣一個害怕並扼殺多樣性的世界中，它似乎獨自擁有安全和保障的護照。

從佛教的角度來看，自我根本不存在——看不見、也不存在於內在深處。但我所謂的這個自我，並不是佛教所謂的無我的對立面，而是一個演員——「我」依照一個不是我自己的劇本扮演「我」，扮演一個確保自己會被喜歡的人，擁有一張我出生前不曾有過的面孔。這是一張冒名頂替者的臉，當我發現，如果我成為真正的自己時會有危險的時候，我就戴上了這張臉。

以上所述的這些訊息與偏見，隱藏在我視野之外，寄居在各種應用程式、電腦檔案、偏好設定中的許多選項裡，很難被搜尋到。但是，進行這洞穴探險般的篩選練習（只要能夠無所畏懼、義無反顧和徹底的執行），就能從各種選項的藏身之處挖掘出適合我的選項，到了最後，我外在所呈現的我，將會是一個真實的我，而不是被精雕細琢而成的木頭人，我將獲得莎士比亞所說的「未知的主權」。

我有足夠的勇氣、能夠活得夠久，讓那個虛假的「我」鬆脫嗎？

最後，我想以一個人的故事來結束本章。這個故事展示了：篩選也包括對地理位置的選擇。一個友善的果園主人將多餘的水果留給我們這些鄰居，讓我們帶回家享用。有一天，當我從路邊的籃子裡拿出兩個杏李（李子和杏子的雜交種）時，主人也在場，杏李還沒有熟，而且很硬，所以我問：「它們是在樹上成熟的嗎？」

當我走回家時，聽到自己一直在重複剛剛的問題，我猜這應該是一個關於自己的重要隱喻，所以我把那句話改成了：「我會在家族樹上成熟嗎？」我的回答毫不猶豫：「當然不！如果我還留在家鄉康乃狄克州的里秋區，就不可能成熟。無法按照自己獨特的需求和渴望生活，也無法找到自己真正的使命。而現在的我，已在三千哩外的加州成熟了。」

離開家，這對我們當中的某些人來說是必要的，但另一些人，即使待在家附近也可以有相當令人滿意的成果。當然，我這個比喻是很個人的，並不是指普遍現象，人們當然可以在康乃狄克州成熟，只是我不能。那天晚些時候，我笑著回憶起康乃狄克州的格言，現在對我來說非常合適：「被移植栽種的，必能持續茁壯。」（He who transplanted, sustains.）

心靈練習

一周冥想練習

以下是關於我們的主題——做好準備以改變自己——的七個練習。這是很有用的練習，值得每天靜下心來閱讀一篇，並慢慢沉思，持續一周，讓這些練習與你一對一交流，並探索它可以如何融入你現在的狀況。在你的日記中，可以寫下你對每個練習最後所提的問題的回答。

周日的練習

終於到了這一天，緊緊藏在花苞內的痛苦遠大於冒著風險讓花朵綻放。

——阿內絲・寧恩（Anaïs Nin），《日記》

我現在的生活，在哪些方面、以怎樣的方式感受到來自外在的限制？

我現在的生活，在哪些方面、以怎樣的方式感受到來自內心的束縛？

我對這些來自過去（包括童年時期）的限制和束縛有多熟悉？

我害怕自己的哪個部分獲得自由？

如果展現真正的自己，我害怕會有什麼樣的痛苦在等著我？

如果我從以前就綻放出完整的自我，現在的我——包括我的個性和生活方式——會是什麼樣子？

誰會歡迎我的綻放？誰又會害怕它？我如何去感激並肯定歡迎我的人，同時遠離另一種人？

我還在等待什麼？讓我有條不紊的條列出來。

神也必引你出離患難，進入寬闊不狹窄之地。

——約伯記36章16節

▼周一的練習

離開家，就已經實踐了一半的佛法。

——密勒日巴（Milarepa）

我的童年如何影響成年後的選擇？

我是否從父親或母親那裡學會了忍受痛苦，而我現在正這樣做嗎？

幼年發生過的事，現在會阻礙我採取行動嗎？

我如何才能對自己現在所處的困境承擔全部責任？

誰是生命中幫助我提升的人？現在的我，該怎麼做才能證明他們對我的信心沒有錯付？

什麼樣的態度是我所堅信的？它們現在已成為我站起來、繼續前進的動力。

我現在該如何回應內在那股進化的動力？它一直都存在，讓我可以放手並繼續前進。

我如何才能感激、並回應為我歡呼的眾多聖人和菩薩？

▼周二的練習

順應事物的漂移，

優雅的屈服於理性，

躬身行禮，

並接受愛情或季節的結束。

——羅伯特・佛洛斯特（Robert Frost），《不情願》

現在有什麼從我生活中淡出？
當我看到它消失時有什麼感覺？
面對它的消失，我害怕嗎？
我是否忽略了什麼？
如何才能優雅的屈服於我在關係、工作、團體中需要改變的事？
如果我為已經結束的事情感到悲傷，那將如何觸動到我、又如何讓我敞開？
如何才能把所有我想保存的愛和需要，放進一個心靈空間裡？
是什麼讓我留在這裡？
什麼在召喚我離開或留下來？
向神或佛陀——也就是隱藏在我目前狀況下的一道光，一道照耀在我身上並透過我發散的光——禮敬，是什麼樣子？

現在我明白，為什麼有一個世界和一個我，這樣才能讓隱藏的光，透過各種可見的事物進入我，同時也透過我照耀所見的一切。

周三的練習

我們知道，自己無論如何都不得不完全燒盡，然後坐在我們曾經以為的自己的灰燼中，從那裡開始繼續前進。

——克萊麗莎・平蔻拉・埃思戴絲（Clarissa Pinkola Este's）《與狼同奔的女人》

現在，在我的生命中，有什麼已不再起作用，準備好可以用大火燒盡？

現在，在我的生命中，有什麼已準備好在大火中重生？

我有多少意願讓某件事或某個人離開？

我以前是怎麼看待自己的，現在那個形象或信念改變了嗎？

我以前對自己的關係有什麼看法，現在又有什麼改變？

如果我「坐在從前的自己的灰燼中」會是什麼樣子？

我如何「從灰燼中」繼續往前？

當我更新了自己，那等待開啟的內在資源是什麼？

是什麼讓我害怕或鼓勵我前進？

周四的練習

新的體驗變得比安全感更有保障。

——丹尼爾．林德里（Daniel Lindley），《人生旅途上：一直在變化》

對我來說，安全和保障是什麼？

在我的生命中，什麼時候曾感到真正安全有保障？

我今天感到安全有保障嗎？

全新的體驗會把我嚇跑嗎？

新的生活方式需要什麼才能吸引我？

我願意嘗試什麼、讓自己的生活變得至少有點不同或更好？

我的內在或周圍，是否有可以求助的資源？

誰是幫助我轉變的盟友？

周五的練習

寧願自己一躍而下，也不要拖延到讓他們動手推我們。

——莎士比亞，《凱薩大帝》

我是否一直在等待一些事情發生，來迫使我必須行動？

在我生命中，是否覺得某個人必須先邁出第一步，事情才能改變？

那個人是怎麼進入這樣一個角色的？

我需要什麼，才能開啟自己與生俱來採取主動的能力？

當我退縮時，要如何才能給予自己同理心，並祈求恩典，讓我能夠向前邁出一步？

是什麼一直讓我等待某種許可，才能離開這無藥可救的狀況？

如果我採取行動，會對自己感到羞愧或內疚嗎？

我要如何才能不理會這些束縛？

現在有沒有什麼辦法，讓我做出選擇，而不是等待有勇氣了才去做？

願我信任自己充滿勇氣的身體，已整裝待發去踏上旅程。

周六的練習

恐懼是心靈的殺手，恐懼是帶來徹底毀滅的小死亡。我將面對自己的恐懼，我將允許它略過我、穿透我。當它從我身邊經過之後，我會轉過身去看著恐懼的途徑，恐懼消失的地方將一無所有，只有我會留下來。

——法蘭克・赫伯特（Frank Herbert），《沙丘》

在我的旅途中，是什麼樣的恐懼阻礙了即將要發生的事？

如何才能讓我面對自己的恐懼時，仍然抬頭挺胸？

如何才能讓我的恐懼穿過我，就像閃電通過一個避雷針一般？

願我把我的恐懼交給大地，相信大地母親會將它帶走，並釋放我自由行走。

我如何才能放下恐懼、讓自由進來，或更確切的說，讓自由出去？

我需要做些什麼，才能相信自己採取行動之後仍能存活，甚至更茁壯？

誰是我的盟友？無論是凡人還是神靈，讓我可以相信他會陪我走過黑暗山谷？

我能相信自己從來都不是獨自走在這條道路上嗎？

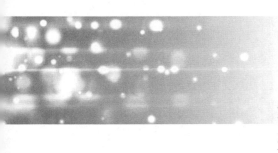

第三章 當我們覺得自己無法留下

這偉大旅程的意義仍然相當神祕，但帶著一線希望，在某個地方、遙遠的未來，「我們」可能會弄清楚這一切。

——亞瑟．格林（Rabbi Arthur Green）拉比，《基本猶太教》

有時，當事情仍有機會進行改善、改變、改進、解決時，我們卻放棄了，就像我們在禮物到達之前出門去。這份禮物有可能是正在重塑的一段關係、一份工作、一個狀況、甚至是我們自己，我們可能在找到隱藏的優勢和好處之前，就先棄船離去，因為我們有時會覺得（通常是身體上的感覺）自己就是無法多停留一分鐘。這確實是事實，因為我們已經達到自己的極限。

但是有時候，我們覺得必須離開，可能只是來自一個讓我們沮喪的狀況，然而實際上，那個狀況卻是可以解決的，我們沒有看到機會，眼裡只有不滿意。在本章中，我們將探討自己離開或逃跑的背後原因，我們為何想要盡可能的遠離某個人、工作情況、宗教或團體組織，以及任何讓我們覺得自己在所處環境待得太久的狀況？在下一章，我們將探索處理這些狀況的方法，找到改善的工具。

對親密、承諾和自主的困惑

如果一段關係（無論是與某個人、組織或工作之間的關係）是親密、有承諾的連結，同時又能確保個人的自主性，那麼這個關係就是真實的。讓我們來看看，親密、承諾和自主性是什麼，以及如何整合它們，讓關係、組織和狀況都可以順利作用。

成年人已經學會在他們的家庭和工作關係中，將親密感和距離交織在一起，這種組合可以滿足我們與人連結中會出現的需求，同時也尊重自己的個人需求。

我們想要有距離並沒有問題，只有當我們努力想要獲得它時，問題才出現。比較健康的方式是直接要求：「我現在需要一些空間，這不是因為你的緣故，而是我自己的需要，它會是暫時的。」另一種不健康的方式是製造衝突、爭吵或騷動，讓距離自動產生。我們大多數人都有千百種方法可以獲得距離，但直接說出來才是我們需要的。

我們有時會尋找蓄意破壞親密關係的方法，因為我們明白，親密會讓我們變得脆弱。我們可能會想：「如果我讓某些或某個人親近，我所有的不足都會突顯出來，那麼我精心打造、讓人們只會看到好的一面的那個角色、我的自我意象將會崩潰，我難堪的陰暗面將會呈現在別人眼前。」

讓自我的所有面向都顯露出來，確實是會讓人感到脆弱，但它也是進入真正親密關係的入口。當我們躲藏時，也同時放棄愛和被愛的機會，放棄到達人類生命的巔峰。然而，讓自己展現脆弱，並不意味著讓自己成為受害者，親密是自願展現情感的脆弱，敞開心，讓另一個人可以看到我們的本來面目。健康的關係結合了親密感，同時也重視個人界線，這只有當我們的脆弱程度，與我們信任對方的程度相符合的時候，才會發生。

展現脆弱意味著敞開內在，因此需要一個有安全感和保障的氛圍。當我們擁有自願性和界線來保護自己的脆弱，內在的力量才能增長，讓我們有能力處理受傷的感覺或背叛，而不是被它們擾亂。雖然看起來很矛盾，但這種脆弱會使我們更堅強，而當我們對親密關係的恐懼消失時，真正的「我」才能顯現。說到底，我們對親近的恐懼，是不是害怕個人的完整展現，是一種怯場？

對親密連結的恐懼，可能是我們不信任別人的跡象，雖然我們自己可能沒有意識到這一點。我們直覺的感覺對方會利用我們的脆弱，用它來對付我們，那麼我們的恐懼就有了正面的意義，它幫助敏感的自己遠離那些可能會背叛、羞辱或利用我們的人。內在的智慧告訴我們該信任誰、該信任自己的什麼，有些人值得相信他們會愛我們，有些人則不能信任，因為他們不會愛我們，只會傷害我們，讓我們的脆弱變成受害者。

當我們對於承諾有恐懼，可能是因為我們把親密關係想像成具有侵略性，我們不想在自己想要離開的時候，放棄離開的機會。然而真正的承諾，是對某個我們信任的人或事物忠實。它意味著當發生衝突的時候，願意去解決問題，包括修補、恢復、重建斷裂的關係。那是一個維持連結的承諾，即使必須付出相當的努力，然後很反常的，無論我們之間的連結磨損得多麼嚴重，都可以支撐我們的決心堅持到底。如果在關係中，我們的需求始終得不到滿足，確實會讓人想要離去，但如果**大多數時候，我們的需求都還算能夠滿足，那麼留下來同甘共苦就說得過去**。

承諾有時也發生在需求暫時得不到滿足的情況下，仍與一個人或狀況保持關係。例如，當我們的伴侶住院，無法滿足我們的日常需求時，我們並不會離開。然而「暫時」這個詞是關鍵，我們可以容忍暫時，需要質疑的是暫時會不會變成永久。承諾還包括一系列需要遵守的協定，那看起來像是消滅了我們的個人自由，我們可能覺得自己生活在義務、而不是選擇中。有一種方法可以改善：我們只同意自己覺得可以遵守的協定。

雖然有時那也表示，同意去做我們不想做的事，然而承諾正是如此——忠實的對象是這份連結雙方所需要的，而不只是自己單方面的需要。接下來，我們就會自動依照選擇來行動，但是，當我們感覺義務感變得沉重時，有可能就不是真正依照自己的選擇行動，那種被迫留下來、而不是熱切的選擇留下的感覺，會讓我們感到不安。那麼我們就要問自己，真正自願想要的是什麼？然後從那裡重新開始。

我們對親密關係和承諾的恐懼，可能是我們不願花足夠長的時間，待在一段可以改善的關係或環境中的原因——與此相反的情況，也可能來自同樣的原因。我們可能對於向這個世界展示我們自己是一個獨立的成年人感到猶豫，這是對於個人擁有自主權的恐懼，害怕在與他人交往的同時，必須步入完全成熟的成人世界。

自主權的意義是，按照我們自己最深層的需求、價值觀和願望生活。我們是自己的指導者，同時也是自己的管理者，我們在這個世界有自主感，對於自己的信仰和選擇，有一種個人權威感。我們可以勇敢的表達自己的想法、意見和觀點，可以很自在的做自己，我們可以放心的以一個獨立身分，立足於社會或任何地方。我們擁有健康的自信心，我們對自身的權力感到自在，因為我們知道明智的使用它很重要，對擁有它沒有任何內疚或羞恥感。

我們與家庭、工作、團體或組織的關係總是有界線的。擁有自主權的成年人會尊重限制，我們會在合法且合理的範圍內，維護自己作為人的主權意識。然而，雖然我們是自主的，卻不是至上主義者（supremacist）。

我們尊重他人的自主權，同時也保持自己的自主權，甚至如果必要，我們會捍衛它。我們理解，互助合作是在所有關係和連結中最合宜的目標，但那不應阻礙我們的個人自由。一個最適切的比喻，就是各州與美國聯邦政府之間的關係，每個州都尊重聯邦的指導方針，但也有各自的權利，是國家政府絕對無法推翻的。

在親密關係中，我們可能沒有意識到自己害怕獨立，或者，對獨立的恐懼也像對親密的恐懼一樣強烈。如果我們童年時期非常服從，那麼成年後，可能很難相信自己可以做選擇，而不必時時刻刻提心吊膽。當我們不確定自己是真正自由的時候，可能會訴諸不熟練的方式來建立我們的自主性。我們可能會陷入一種虛假的自主：需要經過許可而不是真正的自由，是一種青少年式而不是成人的方式。

例如，我們會變得過度競爭、不斷踩線、發洩、破壞協定。這些例子看起來像是想要保持距離，它們確實是，但在更深的底層下，它們可能是對於擁有或顯示我們的獨立性，抱持著自我懷疑和不安全感的徵兆。因為太害怕失去自主性，最後變成懷疑自己是否真的擁有它。而這也延伸出另一個微妙的影響：我們永遠不會真正了解自己在一段關係中的需求，直到我們有足夠的自由去瞭解自己。

需求是個人成長的必要條件，但只有擁有自己獨特個性的人才能成長，如果沒有個人的自主性，我們將無法實現親密關係。我們必須先成為一個人，然後才能成為一個人的伴侶，看似自相矛盾，但這是人跟人建立連結的成功關鍵。

我們前面已經說明，對親密關係的恐懼或對承諾的恐懼，與害怕失去自由的恐懼之間的關聯。但那是否只是附加的？我們內在真正的恐懼，其實是害怕自己的自主權。

親密和承諾，無法真的帶走我們的自由，我們真正的恐懼是不是親密和自由之間難以達到的平衡呢？現在我們發現自己進入最深的水域，但不要害怕，我們還能游泳。

在自由與連結的舞蹈中，我們也不能忘記注意各種社會層面的問題。我們作為靈長類動物的問題是，往往覺得那些與我們最像的人跟自己最親近：包括我們的家人、團隊、同事、社團同伴、宗教教友、政治盟友等。這種受限和侷促的忠誠，可能會導致我們對那些與我們不同的人產生偏見和分裂，讓排他主義打開了敵對挑釁的大門。

的確，我們那討人愛的荷爾蒙——催產素（oxytocin）——會在兩個方向上起作用：它使我們與所愛的人親近，也讓我們厭惡不認識的人。我們喜歡那些我們相信和自己一樣的人，但不信任那些我們認為不像的人。幫助我們擺脫這種根深蒂固的偏見的方法，是試著去了解，花時間和那些與我們不同的人相處。

下一章的「慈心練習」（loving-kindness practice）也會有幫助。一旦其他人不再讓我們感覺那麼異類，我們就可以在沒有恐懼和不信任的情況下親近，然後從「只有我們」變成「我們大家」——這實在是一種靈性上的成功。

大自然將我們每一個人都設計成各自相異——連指紋都是如此。既然自然界所做的一切，都是為了進化的目的，那麼我們就應該在多樣性、而不是統一性中，才能生存和茁壯成長。甚至，從一個更具希望的觀點上來想想這個比喻：大自然賦予我們每個人一種音樂聲型，如男高音、男低音、男中音、女高音、女中音——全都是一個合唱團所需的元素。所以，大自然除了希望我們得到自我滿足之外，一定有更多的期望：她想要大家和諧共鳴。

最後，我們要提醒自己，恐懼是詭計的主人，它讓我們來來回回搖擺不定，讓我們害怕親近、也害怕自主。恐懼讓我們在無藥可救的事情上停留太久，同樣也讓我們不願花足夠長的時間待在可以解決的狀況中。當我們從恐懼的束縛中解脫出來時，就可以擊敗那些不允許我們離開、或阻止我們留下來的惡霸。我們可以打開一扇門，獨自跨越門檻，然後在溫暖的空間裡與人共處。

彼得潘飛行模式

「Puer aeternus」在拉丁文中是「永恆的少年」的意思，這是出自古羅馬詩人奧維德（Ovid）《變形記》（*Metamorphoses*）中的角色，同時也是指希臘神祇伊阿克斯（Iacchus）。他與丘比特、荷米斯或彼得潘有關——都是故事中各種形式的狡詐小偷、騙子。而小偷和騙子的原型，指的是愚弄別人的能量——讓別人在心裡留下一種印象，但實際上真正的本質卻與那形象恰恰相反。例如，丘比特會哄騙我們陷入一見鍾情，然後又一口氣將我們心愛的對象奪走。在近代，我們可以在彼得潘裡看到丘比特的原型。

卡爾・榮格將這個「永恆少年」歸類為一種負面形象的小孩原型，所謂原型（archetype）是指一種常見的特質或存在方式，普遍出現在人類經驗中。其中永恆少年就是指迷人、愛玩、漫不經心、無所顧忌的男人的原型，從心理上來說，他的成長從來沒有跨過青春期。上述這些特質，都可以讓伴侶或潛在伴侶感到非常愉悅。有人留下來，就是因為伴侶精力充沛、展現了豐沛活力，但由於永恆少年也有明顯的不成熟缺陷，有人留下來是為了改善它。這兩種為無可救藥的狀況留下來的理由，可以存在於任何關係中：我們留下來是為了充沛的活力，或我們留下來是為了有機會拯救。

永恆少年缺乏成年人負責、勤奮、以目標為導向、能夠做出持久承諾的能力，他無法在任何地方待得太久——沒有足夠長的時間去建立一段可以蓬勃發展的關係。這就是為什麼永恆少年原型很適合我們在這裡討論。

但這種原型並不局限於男性，當這些特質出現在女性身上，我們可以採用拉丁文

「Puella」——少女，她在神話中被稱為「Kore」少女神——來形容。但同樣的原型，也可以出現在具有兩性特徵組合的非二元性別的人身上。在丹．凱利（Dan Kiley）《長不大的男人》（*The Peter Pan Syndrome: Men*）一書中有明確的定義，而他的另一本書《溫蒂窮境》（*The Wendy Dilemma*）探討了這個原型的女性面向。

永恆少年帶著樂觀的態度生活，認為總有一天他的船會進港，根本不需要他操煩航行的工作。總有一些事情即將發生，好事就快來臨了，會讓他所有的夢想都能成真，因此他從來沒有讓事情發生的計畫，或持續努力去實現它，他相信彩虹的盡頭總會有一盆金子，但實際上兩手空空，一毛錢也沒有。

永恆少年認為，對一個人或一件事的奉獻，是一種無法逃脫的監禁和限制。例如，永恆少年會堅持四處遊走而不安頓下來——這對他來說是一種限制。因此，責任成為一種約束，而不是邁向有責任感生活的途徑。努力工作對他也沒有吸引力，原因是另一種潛意識動力警告他，成功是危險的，它可能導致承擔義務，而不容許他那青少年式、為所欲為的自由。

當我們意識到，這個永恆少年的特質並不是出於選擇時，會引起我們對他的同理心。他任由無意識的驅動力擺布、指示他走捷徑、找人為他鋪平坦的路、為了達到目的而操弄、隨興而為、不負責任、只尋求自己的滿足。然而同時，永恆少年並不知道自己的真實感受，因此，他從一個幻想或行為擺盪到另一個，並且想要帶著別人跟他一起白費工夫的追尋。永恆少年會在一段關係中消失，但他會再回來，他會背著他的女孩飛行，讓她被困在某處，然後自己獨自飛走，然後再重新上演同樣的故事。

這種模式，解釋了為什麼永恆少年被稱為彼得潘，作者詹姆士・巴里（James Matthew Barrie）將永恆少年的角色，連結到自然之神潘（Pan）——半羊半人、吹奏排笛的牧神。事實上，彼得潘在原劇中也是帶著排笛和一隻山羊登上舞臺。

我們可以看到，為什麼永恆少年的狂熱愛好者會陷入困境。任何人都會被彼得潘這一型的吸引——如此迷人、如此令人安心、如此刺激，但他的伴侶會發現自己陷入無法實現承諾的一段戀情。他的模式常是先引誘然後退縮，但他的愛人會說服自己「這是值得等待的」。伴侶可能看不見永恆少年操縱的手段：引誘我們遵循那些違背自己最佳利益的建議，那也是為什麼到最後我們全盤皆輸。

在人際關係中，永恆少年想要完美的伴侶，但因為完美根本不存在，這種說法就成為一個擋箭牌，讓他不用對真實生活中的親密關係做出承諾。永恆少年可能擁有一個漂亮、華而不實的女人就能滿足，她會被要求照顧和滿足他所有的需求，但他卻不承諾會回報她的付出。他可能很富有、不需要工作，也可能很貧窮，但不去賺取生活費，因為他相信自己是特別的，註定要高高翱翔在平淡世界之上。永恆少年會訓練伴侶或朋友，成為照顧他的父母、資助者或僕人，以滿足他的需求——而且他總是能找到新的照顧者。

這個永恆少年的主要特徵之一，就是冒險投機。他總是無視規則，並想像不會遭到任何報應，這看起來或許像是勇敢，但實際上反映了他的自以為是。他相信自己過著魔法保護的生活，無論冒什麼危險都會安全，其他人可能會死於吸煙導致的癌症，但這不會發生在他身上，因為他對任何醫療權威提出的疾病警告都有免疫力，事實上，對他來說，權威並不存在。

大家不容易注意到，這個無憂無慮的永恆少年，其實有個深藏於內在的傷口，他那翩翩瀟灑的翱翔，只是為了彌補自己從來不允許承認的內心空虛。永恆少年如果想要恢復健康，將面臨跌入可怕深淵的危險，那深度與他飛天逃亡的天空一樣高，如果他願意凝視自己內心的黑暗，將會受益無窮，但需要付出因果報應的代價，就像希臘神話中小偷之神荷米斯的原型所受的懲罰一樣。然而，通常永恆少年都只願當個狡詐的小偷，寧願靈活的越過光線而不是進入它。

在古代，永恆少年也是一種從死亡轉化到出生的象徵。荷米斯神被譽為地下冥界的嚮導，帶領亡靈穿越黑暗，進入冥界的旅程。永恆少年可以讓沉睡的權力醒來，透過直接面對痛苦和悲傷的陰霾——正是他一輩子都在迴避的——來找到新的生命。

害怕面對自己的痛苦，其實就是害怕自己沒有內在資源、對自己不信任。永恆少年懷疑自己也擁有缺陷，但表現得好像它無關緊要，反而是別人如何看待他更重要。成長，也就是建立和信任內在資源、並抓住自己成熟的機會，可以讓他從不斷飛行，改變成停留下來，也只有這樣，真正的關係才有可能成立。

一開始就束手無策，現在仍無藥可救

在某些情況下，無論是在關係中或是在工作職場中，讓事情得到解決的選項根本不存在。如果在一段關係、工作或組織中，我們從來就不曾感到舒適，一直以來總是感到不安，現在也是如此，那麼嘗試讓事情得到解決，就是在浪費時間和精力。

這不是因為我們害怕承諾，而是情況似乎從來都不適合讓我們做出承諾。總是不斷出現無法克服的問題，總是擔心永遠無法完全放鬆，我們一直懷疑自己是否會被我們所處的特定關係或組織切斷連結，導致我們的參與度愈來愈低，我們還沒有準備好、或實在無法全心全意投入到我們的工作或組織團體中，我們感到愈來愈沒有連結。

以下是在親密關係中，可能會出現上述狀況的例子：

- 伴侶之間發現各自分開活動的狀況愈來愈多，有時甚至故意將伴侶排除在外。
- 我們的愛好和興趣從來都互不相容，現在仍是如此。
- 現在我們幾乎沒有什麼事喜歡兩人一起做，包括性愛。
- 我們不斷做出增加距離、而不是更親密的決定。
- 我們兩人都不覺得自己被看到或聽見，這包括在感覺層面上被理解，而不僅僅是在信息層面。所謂的被聽到，是指被忽視、不被認真對待、不聆聽的反面。
- 我們兩人的其中一方或雙方，無法放下舊怨或許多其他負面感受。
- 缺乏彌補或修復關係的態度——關係可以成功持續下去的必要條件。
- 我們不斷懲罰彼此。
- 有效的溝通已經變得不可能，因為兩人或其中一方一直要對方閉嘴。
- 我們不想、或無法修補不斷擴大的裂痕。

◆即使有諮商治療的幫助，情況也沒有好轉。
◆一起去度假也不會改善任何事情。
◆我們不再真正關心彼此了。

以上所有徵兆都指向放手，而不要再執著去處理已經無藥可救的狀況。我們要接受這樣一個事實，即有些事情就是無法改變，應該將停留模式改成繼續前行。我們要向那個可以區別「去」、「留」的智慧保持開放，這種智慧在本書中也常見：當我們描述「離去」時，不僅僅是表示「繼續前行」或「改變位址」，它也表示「放手」。

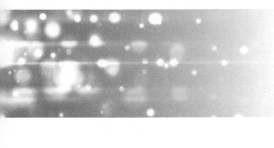

第四章 做我們可以改善的事

一切被簡化為愛與不愛，
而這樣的黑暗將會消失。
然後我們將有工作要做，雖然乏味，
但最後，天鵝終將展翅翱翔。

——魯米（Rumi）

在上一章中，我們探討了自己如何、以及為什麼丟下仍有希望解決的狀況離開。那是因為，我們不願意花足夠長的時間留下來，看看有什麼可以翻新或重新開始，然後進入一個比想像中還要更平穩的狀況。現在，當我們檢視還有什麼可以幫助我們去做需要做的事、讓關係和其他任何情況都可以再回到正軌，才發現，其實只要待得夠久，就能重新改造我們自己和我們的關係。擁有一段關係或承諾，並不像在花瓶中插上乾燥花，完全不需要照顧，它像花園裡真正的花朵一般，需要持續的維護，而我們該如何進行有效的維護呢？

一個有創造性的起點是，先想像有些事是可以改善處理的。我們先在腦海中想像我們身體裡的感覺：成功或滿足是什麼樣子，這適用於任何形式的關係，包括情感關係、工作、宗教或政治組織。我們內在的想像會設定意圖，促成外在的成功。例如，我們想像，自己和他人建立健康的關係是什麼樣子，然後，這假想的圖像，會為我們提供樂觀的態度，認為它真的會發生。

這不是一廂情願或自我欺騙，相反的，它是去想像什麼是可能的。就像金牌運動員會做的訓練，這個練習是去想像，而不是去虛構幻想。我們是將自己潛在的可能性加以視覺化，而不是去編造幻想，我們閱讀或書寫意象主義詩就是一個很好的例子。

最近，我用 Zoom 線上視訊，針對地方醫院的安寧療護人員，講了一場關於詩可以作為療癒方法的演說。我們從一張在紅杉林中空曠地的照片開始，圖片顯示太陽照耀著樹林，並越過縫隙傾瀉而下，撒在森林地面上，陽光也描繪出一條蜿蜒在樹木之間、最後消失在遠方的自然小徑。我特別把焦點放在陽光映照的小徑上，然後很自然的要求參與者們，覺察自己關注的焦點是什麼。我建議他們對那個部分進行一分鐘的冥想，並快速記下幾個字，然後每個人將自己的回覆寫在聊天室中，讓大家都可以看見，我自己也同樣寫下回應。

令我驚訝的是，我們每個人寫下的，無一例外，竟然都是像俳句般的短詩！這說明了，只要專注在圖像上，就可以喚醒創造性／詩意的感受力。我之前原本就打算要組員們寫一首詩，但真沒想到，他們在我提出建議之前，就自發的這麼做了。這就是圖像及專注於圖像上冥想的力量。參與者們的文字，都是來自過去的經驗、觸動了心，因而啟動了想像力，那些想像最後產出一首詩——也就是一種靈魂的回應。

事實上，只有在想像和隱喻中，我們才能找到感受和經驗最深層的含義。只憑藉報紙的短文，我們怎麼能夠完全、甚至準確的描述一個影響深遠的事件？具有強大情緒震撼的體驗，常常模糊曖昧、難以看清，而我們的鏡頭就是隱喻和意象，或更確切的說，是詩歌的世界——無法用字典中定義的文字去填補的、內在空曠的世界。

> 空白可以產生新的世界。
>
> ——約翰・米爾頓（John Milton），《失樂園》

解決我們的衝突

以下的內容，只有在雙方或所有成員都參與時才有效。當衝突出現時，我們會提出它、處理它，並希望大家一起解決，無論是在工作、組織或各種人際關係中，這都是我們面對衝突的方法。它牽涉到三種不同的練習：抓住公牛的角——也就是直接面對我們的困境——隨時準備處理我們對衝突的感受，並聆聽對方的感受，然後保持開放的態度，願意解決衝突。

在某些情況下，我們只能說「願意嘗試解決」而不是「終於完全解決了」，當經歷的衝突愈強烈，就愈難徹底劃上句點。例如，我們可能會盡己所能來解決長期存在的怨恨，這種怨恨，有些是來自伴侶對我們的嚴重傷害，有些則要追溯到童年時期的創傷。

然而，無論是舊的或最近造成的創傷，都會留在我們的身體、頭腦、心靈中，當我們試圖解決問題時，那些無法解決的頑固因素仍然存在，我們可能永遠無法讓它消失，甚至不知道為什麼它會一直存在。

我們也沒有故意緊抓著它不放，但即使是最新理念的解決方法，有時都很難讓頑強的怨恨屈服。我們遇上「未竟之事」的奧祕，它是經歷過某些強烈體驗的特徵，有些東西仍然埋在我們無法理解或無法解脫的深處。所謂「深」這個字，可以定義為「從表面向內延伸」——也就是表面的相反。向內將我們帶入潛意識的神祕領域，普通意識的頭腦無法進入那樣的領域。

「深」（deep）這個字，也可以用來形容強烈的悲傷，有一種深刻的悲傷，是永遠無法完全結束的，而在認識自己的過程中，也有一片未知的叢林，我們無法進入，更不用說深入了解。

同樣的，我們在這個星球上的生命目的，也有著自己永遠無法完全探究的深刻意義。我們也無法完全理解一首深刻的詩，就連寫下它的詩人也做不到。「時機」不僅具有神祕的不可知性，它還具有不同層次的含義，而我們在這塵世舞池中需要遵循的，便是跟隨那神祕的節奏，隨著那不確定、未完成、不圓滿的脈搏行動——佛陀的第一真理。我們不喜歡任何無法控制的狀況，**但事情就是如此**，必須以「是」的心態和深深的鞠躬來迎接它。

此外，在某些未竟之事存在下，一段關係其實還是可以好好的維持著，只要我們不讓它們阻礙我們愛的方式，這種對愛的承諾，可以讓它成為無條件的愛。

在心裡記得這一點，我們仍舊可以採用三步驟方法來處理家庭、工作或其他地方的衝突：

◆ **提出**：提出問題，就是誠實的看待正在發生的事情並談論它。我們不會推遲、不淡化或美化問題或衝突，我們不迴避它，承認自己參與了正在發生的事情，我們會直接面對這個問題，無論那回瞪我們、皺著眉的臉多麼凶狠。魯米在《童年的朋友》中說：「不要背對綳帶下的傷，那傷痛會讓光進來。」那是治癒之光，想讓我們了解受傷之處，其實也是補救的途徑。

◆ **處理**：處理我們的經驗，意味著密切關注自己和他人的感受。我們表達自己的感受，同時也回應他人的感受。在提出問題的步驟中，我們檢視內容、事件、故事，而處理的步驟，則著重於維護關係。我們試著將自己的感受，與自己童年時未解決的問題聯繫起來，此外，承認我們會投射自己的問題到他人身上和當下的情況中。

這種處理問題的方式，與之前提出問題的步驟一樣需要勇氣，我們必須面對它，並以同樣方式表達感受。同樣的，無論是提出問題或處理問題，我們對他人的反應都要抱持開放的態度。我們當中有些人覺得處理過程很可怕，因為我們通常會設定界線，以決定自己允許他人了解我們的範圍，而處理過程可能會跨越那個界線。當太深入或太快被了解時（又是另一個時機問題），我們可能會感到害怕。處理也必然涉及自我披露，而我們不知道自己是否可以將敏感的心託付給某人、甚至任何人。也許對親密關係的恐懼，正是這種對完全透明——自己的動機、需求和弱點全被曝光——的恐懼。

◆**解決**：要解決一個問題，就需要放下任何小我針對這個問題提出的指責，不試圖報復任何人，不懷恨在心或積壓怨恨。此外，我們承諾進行某種改變，未來將以不同的方式、更有效的採取行動。我們制定改善狀況的協議，並遵守它。解決問題的價值在於，它不僅僅是找到方法，還可以觸及所有參與者的內在資源，以進行調解和修復。各種關係和團體都具有自我療癒的能力。

提出、處理、解決問題的三步驟，不僅僅是一種用於處理衝突的工具，也是建立親密關係和維護關係的方式。當我們與他人在日常生活中，充分實踐「提出、處理、解決」時，我們就是在用5A來擁抱彼此：「我以關心（Attention）、愛意（Affection）、欣賞（Appreciation）、接納（Acceptance）、允許（Allowing）的態度看待正在發生的事情，也用這五個相同的方式處理感受，現在我所有的所見所感，都是基於愛與和解的意願。」

所謂真正的與對方在一起，是向彼此展示5A。然而，大多數人都學會逃避這五種連結自己、經驗他人的方法。例如，有些人總是專注於講述自己的故事，或證明自己有多正確，這種內容的叨念，可以讓自己避免將注意力放在感受、需求、記憶、信念和房間裡未解決的問題上。

當缺乏5A中的任何一項時，我們都可能會感到痛苦，而每一項缺失所呈現的痛苦都各自不同。我們對5A中缺少任何一項感到的痛苦，有可能是來自童年經歷上的匱乏：

◆ **缺乏關心：**我們不被聆聽、不被看見、不重要。

◆ **缺乏接納**：我們被拒絕，為自己感到羞恥。
◆ **缺乏欣賞**：別人理所當然的認為，我們應該去做那些原本是我們自願去做的事。
◆ **缺乏愛意**：我們被忽視，或被利用來取悅他人，卻沒有得到相應的回報。
◆ **缺乏允許**：我們被控制或操縱。

關於這些不同形式的痛苦，我們必須當心：當別人沒有滿足我們的需要時，不要把自己視為受害者。而可以幫助我們避免成為受害者的是，用同理心而不是怨恨或批判，來接受他人有限的給予能力（順帶一提，家中有弟弟妹妹的人，可能有過這樣的經歷：我們受到的關注突然變成以前的一半，但沒有意識到的是，實際上，注意力只是平均分配出去了，而在弟妹出生之前，我們得到的注意力其實是所需要的兩倍！）。

當我們的人際關係出現失調和缺陷時（也適用於生活中感受到挫折時），可以用三個誠實的問題來問問自己：

◆ 為什麼這個人的反應如此重要？我是否試圖滿足童年時期未滿足的需求？
◆ 我感受到的缺乏，是否在別人身上也有可能發生，而不是只針對我或我們的關係？

◆面對這種情況的最好方式，是一定要滿足我希望被滿足的需求，還是無論多麼有限，都願意退一步去接受對方（或當下狀況）可以提供的部分？

接著，讓我們更全面的來看關於「處理」這個步驟。首先要了解，「內容」是指發生了什麼，是故事本身，而「處理」是指對所發生事件的感受，以及了解其中的深層含義。內容是指事件本身，處理則是指產生關聯。處理的步驟包括「追蹤」此時此地的經驗——無論那是什麼，也許是一個問題或疑慮——並為它「創造空間」。把焦點放在此時此地的經驗，並不表示忽視過去，只是暫時把它放在一邊。以下是處理步驟的兩個元素，在親密關係或任何人際互動中呈現的樣貌：

「追蹤」意味著密切關注，並仔細探究雙方所說的、不能說的、暗示但沒有大聲說出來的，同時也注意彼此的肢體語言揭示了什麼樣的感受，傾聽各種有助於進入彼此內心的隱喻和意象。追踪就是一種認真傾聽。

「創造空間」意味著以同理協調（empathic atunement）來接受他人的各種感受，在此時此地，對同一個房間裡的其他人表達關心而不是批判，不急著修復、解決、建議或評論。它與5A的關心、愛意、欣賞、接納、允許同時存在，而這就是處理步驟產生連結的方式。

同時兼具追蹤和創造空間的處理步驟側重於：

- 感覺，注意它們在身體中的位置。
- 由需求引起的感受，特別是對依戀（連結）和同理（我們的需求得到理解和接納）的需求。
- 過去熟悉的感覺，無論是來自童年的還是近期的。
- 由信念、投射、轉移、期望產生的感覺。
- 未解決的問題、包括過去的創傷所顯現的感覺。

關於感覺，我們應該記住，大多數人使用這個詞的時候都有點隨意。真實感受的例子，包括悲傷、喜悅、憤怒、恐懼、羞恥，還有其他一些詞看起來像是在描述感受，但往往被用在對自己或他人的評判，如：孤立、拒絕、遺棄、傷害、有罪惡感、貪求、禁錮、停滯、孤獨、被排斥。以下是一個例子，說明「拒絕」這個詞是如何對他人和我們自己做出評判：「因為我被拒絕／感到被拒絕，所以我判斷別人對我不友善，我因為沒有取悅他們而受到指責。」

用來形容感覺的字詞很重要，也很有用，它們可以幫助我們定義實際感受中的細微差異，它們表達感官接受到的知覺——一種體驗特定感覺的、非常精確的方式。順帶一提，表達感覺的字根，大多來自實用的盎格魯撒克遜英語體系，而大部分關於判斷的字詞，則是在一〇六六年取自更複雜、但更有價值的拉丁／法語體系。

上面所列出、看似感覺字詞的反義詞，表達的並不只是感覺，例如：團結、認可、來自他人的忠誠、滋養、純真、滿足、自由、行動、陪伴、被包容，每一個詞彙都是體驗一個或多個5A的結果。例如，我們感覺自己有被包括在內，就是5A中他人「接納」我們時，所感到的歸屬感。我們感到自己可以自由行動，與5A中的「允許」相關，但這裡不是指那種權威式的「允許我們去選擇」，而是「支持我們的自由選擇」。

一般我們會說：「我感到難過。」但是，當我們可以更準確的使用乘載著感覺的字詞時，我們可以改成：「當我孤獨時，我感到……」、「當我被排除在外時，我覺得……」、「當我被包含在內時，我覺得……」每一種敘述，都是我們自己對體驗的感受，裡面包裹著我們習慣迴避的、更基本的真實感受。我們常竭盡全力逃離自己真正需要去感受的感覺，因此我們可以很輕易的責備自己的孤獨，或責備伴侶遺棄我們，而不去感受純粹的悲傷——常是發牢騷背後真實的感受！

當我們與他人一起練習處理一段關係或任何互動問題時，需要營造一種安全和有保障的氛圍。通常，人們需要較長的時間才能夠信任我們，並準備好敞開心扉和展現脆弱，所以我們必須願意花時間和對方待在一起。同樣的，我們自己也可能不信任他人，我們需要承認這一點，然後雙方可以尋找建立信任的方法。當我們各自都累積了多次實例，知道對方可以信賴時，以下狀況就會實現：願意為彼此堅持忍耐、保持真誠、遵守協議、以誠信和愛行動，承諾盡己所能，透過提出、處理和解決問題的三步驟，來解決所有狀況。

除了以上這些之外，我們仍然要注意，有時候自己是否會出於一種強迫性，想要徹底乾淨的解決問題。我們不想要任何混亂，不希望任何未解決的問題不斷回來困擾我們，不想在過了一段時間後，又要深入了解自己的感受和動機。保持整齊乾淨，在我們的物質空間中行得通，但在人際關係或健康的個人成長過程中，並不是一種有效方法。

我們處理問題最重要的目的，是交流彼此的真理，並按照它們採取行動。而我們堅持提出、處理和解決問題這三個步驟的主要目的，則是為了守護彼此承諾的真愛。

當我們在一段關係或任何生命承諾中，可以毫無保留的付出自己的一切，就是在這條邁向慷慨人生的旅途上，達到一個重要里程碑。當我們可以對自己在乎的事全心全意去努力的時候，我們就到達目的地了。手段（達到目的所需要的）就是抵達（目的）。應用於人際關係時：當我們堅定的承諾一段關係時，就會體驗到一種完全真實的連結，它不需要永久不間斷的全心投入（對於像我們這樣容易分心的人類來說，這幾乎是不可能的），我們只需要一些當下、直接的體驗，一些在此時此地全心投入親密關係的時刻，就可以達到無條件的愛——最終極的目標。那些過程中的許多片刻，不僅是最重要的，也是必要的。

我們每個人的內心深處都蘊藏著一股力量，想要逐漸發展成最能代表我們真實身分的完整呈現，因此，我們其實不必努力嘗試，我們對自己的認識，註定會繼續增長。卡爾·榮格曾寫道：「無論外部因素如何變化，在我們的心靈中，有一個過程不斷尋找著自己的目標……一種幾乎無法抗拒的衝動，促使我們成為真正的自己。」換句話說，我們每個人都渴望成為自己。

用心陪伴彼此——也就是說，保持一種無批判的純粹意識——可以幫助我們每個人，找出我們在關係中的身分。這不僅僅是碰觸彼此的個性，而是一種靈魂的交流。

當關係中的雙方或團體中的每個人，都對這股做自己的「不可抗拒的渴望」說

「是」，就會以同樣的熱情，幫助他人追隨自己內在的渴望，從而實現共融，而這種真誠的接納，會讓我們在靈魂層次相遇。

所謂處在當下的靈魂交流、帶著覺知的人際互動，就是讓自己成為見證人，而不是成為對自己和他人的評判者。我們逐漸相信，用充滿感情的方式去處理問題，會打開理解自己和理解彼此的大門。想要立即解決問題、避免混亂的感覺，或是找方法迴避處理問題，這些都是很自然的，然而，當我們可以在一個有保障的空間中，不帶二元對立的態度，讓意識流自然開展，加深彼此親密凝聚的經驗才更有可能發生。

深入淺出：理性與啟示

格楚．史坦（Gertrude Stein）今晚說了一些需要她花許多年才能理解的話。

——托克勒斯（Alice B. Toklas）

我們已經知道，為何一些深刻的體驗無法被完全解決或結束。當我們審視自己的動機時，請記得這些神祕的因素，它們可以分為三類：

我們做什麼或不做什麼的理由層級	舉個例子：「我為什麼要離開你？」
第一層：陳述的理由（表面理由）	「因為你有外遇。」
第二層：為了弄清楚內心深處的真正動機，我們必須深入研究的理由	「我大概知道，有些更深層次的理由，與我們關係的本質有關。雖然我現在無法定義，但有一天我會去探索。」
第三層：不明的理由，太深入潛意識或太神祕，以至於無從得知	「有些狀況就是行不通，將來也不可能解決，但我無法清楚說明。」

我們大多數人都不想突破那層最膚淺的、表面陳述的理由，因為深度的洞察令人生畏，我們害怕看到自己無法處理的東西，也還沒準備好去看。我們知道，大多數的選擇都有不同層次的動機，包括有意識的和潛意識的。例如晚上十點，獨自一人在屋子裡想吃點零食，我們有意識的動機是飢餓、或對甜食的渴望。但這可能還不夠，我們潛意識的動機可能更為重要：從無聊或孤獨中解脫出來，餅乾不僅僅是巧克力片和麵團，而是一種自我安慰的藥物。

另外，我們的行為可能還包含其他意義，在生命更大的軌道上運作，但它們是遙不可及的。

意識對我們所做的事情，並對這樣做的動機所進行的解釋，只能觸及表面，在表面之下，有更深刻、更能揭示真相的意義，但就如同潛意識的「潛」字所示，我們有意識的頭腦無法觸及那個部分。

但是，我們不要因此而停止。關於我們的動機和選擇，有一些真相目前還不為人所知，但並沒有埋藏在潛意識中，它們更接近表面，並準備好為人所知。所以，我們確實可以透過探索當下的感受和感官覺知來觸及它們。例如，當我們晚上想吃零食時，我們可以探索自己無聊感受的層次。而既然這是一種個人的練習，我們就不需再自欺欺人，也沒有必要更深入的去了解隱藏在這一切之下的謎團，因為我們的心智會聰明的保護自己，免於那些過度或太急切的狀況，只要我們開始這項讓自己變得更有意識、更有智慧的練習，自然愈來愈能看到事物的本來面貌。在心理學的領域，這麼做可以訓練我們深入了解自己的動機。

有一種練習可以幫助我們穿透各層次去發現自我。在日記中，我們可以完全坦率的回答，並依次思考以下四個問題：

◆「我現在**需要**什麼？」

◆「我**擔心**會發生什麼？」

◆「我希望**得到**什麼？」

◆「有什麼損失讓我**感到悲傷**嗎？」

前三個問題幫助我們確定自己真正的需求、恐懼和動機，它們是我們選擇和行為的基礎。第四個問題則告訴我們：自己失去了什麼、我們認為會發生但沒有發生的事情、我們一直錯過的事情、我們期待但從未得到的事情。這四個問題組成了一種深入觀察的方法，它們每一項都可以幫助我們探索自己的內在，以及自己在家庭和工作中的關係，結果可能會讓自己感到驚訝。

以下舉一個例子，當我們害怕在關係中陷入真正的親密時，可以問問自己為什麼，然後得到的答案是，我們害怕失去自由——表面理由。然而透過一些挖掘，我們會發現，實際上我們害怕的是自己變得脆弱。這或許會讓我們第一次意識到：自己並不真正信任我們的伴侶。我們保持一定距離的動機不只是害怕失去自由，而是為了迴避我們認為危險的事。

事實上，最初表述出來的理由可能根本不存在，我們真正的問題，也就是較深層次的理由，是關於信任。但為什麼會失去信任？它去了哪裡？如何重新找到它？另一個深層的理由可能是，害怕失去自己的自主權——這也是一個信任問題，但這比較是關於不信任自己。

四個練習題都可以讓我們深入表層之下，去了解自己和自己在人際關係中的行為。但時機很重要，我們必須為即將揭示的真相做好準備，即使站在西奈山上也是如此。在我們知道之前，找出真正發生了什麼的時機要先來臨，如果我們還沒有發展出足夠的內在資源，去直接審視動機的完整面貌，那麼我們可以毫無羞愧的、尊重自己時機未到的事實。然而無論如何，我們總是可以隨時冒險，打開通往更深奧祕的門縫去瞥一眼，看看自己到底已準備了多少。

現在，讓我們更詳細的研究一下自己真正的理由和動機。以不斷拖延職場中主管分配的任務為例，我們自己陳述拖延的理由是懶惰，但猜測應該還有更深的含義，可以回到上面討論的四個要素來揭開它：

- 我們在階級分層嚴格的工作場所處在最低的位階，**需要**更多的自主權。

◆ 我們**擔心**馬上完成任務，會讓自己看起來卑躬屈膝，這對我們來說意味著放棄自己的力量。在更深層次上，我們開始意識到，自己在工作上的拖延，是出於對權威的不滿（事實上，拖延症通常多少具有一種被動攻擊性）。

◆ 我們了解自己，希望我們所做的事情，可以**獲得**更多的認可和讚賞。

◆ 我們為工作不被重視而**感到悲傷**，我們認為自己被視為理所當然，或者，我們為了迴避那不被感激的悲傷，將其轉化為怨恨和報復——拖延可能就是它們的一種表現。

現在我們看到，自己拖延的理由不僅僅是因為懶惰，那只顯示了表面上的樣子，但真正的探索者不會只停在表面。

如果例子中的拖延者可以直接承認自己懷有怨恨，或公司有上對下決策的問題，那麼拖延就變得不必要了。了解真正發生的事情，會讓我們走上一條全新的高速公路，在那裡，我們無須負擔不公平的收費。有了這些新發現的、更精確的認知，我們會發現自己可以更專注於工作、對工作計畫更有熱情、更容易表現出主動性和創造性。拖延從來都不只是偷懶磨蹭，它代表的是我們美妙創造力的喪失。

從創傷中解放自己

我們從童年進入成年的過程就像海龜一樣，無論游多遠，都會將自己的家背在身上，然而，我們也可以是離開巢、飛向新世界的鳥。人類的力量在於，我們可以將自己原來攜帶的起源力量，與我們即將投入的獨創世界結合起來。

在上一章中，我們討論了對親密關係的恐懼，現在，我們將結合自己過去曾受的傷害或虐待，來審視這些恐懼。讓我們從一個簡單的練習開始：閉上眼睛，想像自己處於一段真正快樂、有效、令人滿意的關係中，當你看著完整的場景並享受它時，讓你的父母作為觀察者進入其中，注意他們臉上的表情，然後睜開眼睛。他們其中是否有一人或兩人都是帶著微笑或皺著眉頭？現在你可以了解，他們是否允許你快樂。

自孩提時代起，我們信任他人的能力就可能因背叛、失望和虐待而遭到破壞，因此，害怕與他人親近，可能是我們內心未被注意到的一塊。我們作為成人的意識，可能會告訴自己想要親密，這會鼓勵我們去維持關係，但故事可能不會僅止於此，我們的整個身體，可能從小就一直處在一種威脅模式與警惕狀態中。

我們過去的危險，會為現在的恐懼提供一些線索。如果我們在童年時代習慣被傷害或虐待，並相信自己活該，現在的我們可能仍然會相信自己活該，過去永遠會在心靈中發出最響亮的聲音。當我們因為過去導致的創傷，而對親密關係產生了長期的恐懼，就表示有一個親密關係的監督者深入存在潛意識中——即我們的身體。這位監督者會仔細監視我們或其他人的任何言詞、行為和選擇，避免把自己推向一個還沒有準備好接受的親密關係。

在我們的任何關係中，這個監督者一直搜尋那些我們自己可能無法處理、太容易讓自己想起過去傷害的事情，它如同一個專家，會察覺任何一個微小的危險跡象，並向我們展示多種逃生的方式。然而，這裡的「危險」指的可能是極度親密——對現在的我們來說不一定是危險的，而逃生方式則是直接或被動的將對方推開。這其實沒有必要發生，只要我們能得到幫助來解決它。

一個內在全副武裝的人，他身體的敏感性與潛意識的觸發反應，會不斷掃描房間，尋找真正親密的跡象：給予愛和接受愛、冒著展現脆弱的風險表示自己需要某人、信任和值得信賴、歡迎身體上的親密、放下自我、做出承諾、在衝突中仍保持連結、展示我們真實的自己、展示自己的陰影等等。

實際上，這些都沒有害處，它們是組成愛的連結的成分，擁抱它們可以增長我們的愛，引導我們實現個人成長，並在一段關係中帶來更多的真誠和情感。但在潛意識層面，我們錯誤的認為，這些親密特徵帶有隱藏的危險，這些危險在我們內在其實已經很老舊，但現在卻感覺如新。例如，我們擔心如果允許某人靠近，可能自己會完全被淹沒，這種恐懼可以追溯到早期的親密關係，也許確實曾發生過侵入性的經歷，而那時我們確實需要逃脫。但現在，作為一個可以接觸自己內在資源（其中最主要的就是可以對愛保持開放）的成年人，我們不會被一段健康的親密關係傷害。

為了讓我們可以再次回到安全的距離，我們通常會訴諸最原始的手段：在戰鬥中逃跑。我們會做一些讓對方煩惱、激怒甚至傷害對方的事情，雖然並不是真的故意要這麼刻薄無情，但我們似乎無能為力。我們的陰暗面會接管全局，讓我們避免面對自己最恐懼的事：真正的親密關係中產生的脆弱感。我們內在的長跑教練提醒我們，我們的脆弱曾經被背叛，所以現在並不安全。當然，這對邏輯思維來說是一個錯誤的等式，但它在杏仁核中卻顯得十分真實，我們相信必須降低彼此連結的程度——一種恢復穩定的原始方式。

對親密關係需要「極度小心謹慎」的警告，來自我們內在、心靈內部，但它看起來像是由外部所引起，然後相互作用。例如，伴侶觸發了我們，導致我們說了一些不友善的話，或怒氣沖沖離開，我們正在按照監督者的建議行事：破壞親密關係、製造距離。但同時，因為我們責怪另一個人，這又會帶來另一種形式的疏遠，我們正在保護自己受傷的心，但同時也讓它缺乏所需的愛而飢渴。

當我們意識到在這功能失調的疏離方式中，自己真正該做的是什麼時，就可以做出補償、道歉，並最終向自己和其他人承認，我們的行為是出於恐懼。這並不能正當化我們在關係中的攻擊性行為，但至少我們準確的為它命名，而從這揭露真相的過程中，我們就有可能得到療癒和轉變。另外，道歉是一種致意，它向對方表明他們對我們的重要性，以及我們這段關係的重要性，說到底，道歉是一種維護關係、儘其所能讓關係長久延續下去的好方法。

順帶說一句，關於道歉，我們需要區分帶著小我（ego）或沒有小我的差別。一個為了挽回小我的道歉，會合理化自己的行為，最終目的還是在表明自己是對的、或是可以原諒的：「我很抱歉不記得你的生日，但我一直很忙。」真誠的道歉不會試圖讓自己挽回面子，而是繃著臉、懊悔不已的說：「對不起，我忘記了你的生日。」

我們可能還無法盡一切努力重建自己親密的能力，卻進入了一段新的關係。這需要我們承諾自己會保持無私的誠實，來重建彼此信任的工作，至少，我們會向新伴侶揭露真正的自己。一段關係剛開始的浪漫依戀，似乎是對未來持續親密的一種保證，但我們必須以誠實的態度介入，並打破這個泡沫。

我們的揭露自我，包括消除對方的錯覺：「我看起來像是在提供親密感，但請不要誤解我這種熱情親暱的行為。一旦真正的親密關係開始發生，我可能會逃跑或把你推開，我以前這麼做過，不知道自己是否會對你再做一次。所以這是公平的警告，如果我要愛你，我會需要幫助。你能和我一起學習如何讓愛進來嗎？你有足夠能量支持一個想要擺脫恐懼的膽小鬼嗎？」是的，我們可以做到這一點，我們可以說出我們的恐懼，這將是讓恐懼離開的一大步。療癒總是從觀察和揭示傷口開始，我們將誠實置於偽裝之上，而這確實是一種勇敢的行為。

在覺察中自我調節與自我安撫

一個有壓力的關係或狀況，會讓我們變得不穩定，讓我們想匆匆逃離，因為我們想要迴避衝突，除了逃避之外別無選擇。如果要留下來解決問題，就需要讓我們處理混亂的方式產生重大變化。

自我調節，是讓自己平靜下來以應對壓力的一種能力，我們可以學會管理自己的焦慮，也可以堅持不懈的致力於解決問題或放手。自我調節不只可以處理眼前的壓力，每當在混亂結束、穩定下來時，我們的身心會開始產生內在的修復和整合，那是一種不顯著、自動發生的必要過程。然後在這一刻，我們就像是站上一個優勢的位置，既可以看到眼前、也可以眺望遠處的地平線，我們甚至可以感到一種從內心升起的勇氣，而這種勇氣，在下一場風暴到來時絕不會拋棄我們。

自我調節和自我安撫要達到最好的效果，是發生在受到壓力和做出反應之間、帶著覺察稍微停頓的時刻。所謂的覺察，是一種此時此地的全神關注，不會受到批判、恐懼或任何其他誘惑而分心，我們不費心去解析、批判或恐懼，只是在我們努力恢復平靜呼吸的過程中，注意到它們從身邊掠過，我們既不接受、也不摒棄自己的想法，只是讓它們融入呼吸。我們允許放手！而這正是當我們陷在一個不快樂或束手無策的生命困境中最需要做的。

在覺察的時刻，實相會被完整揭示，我們開始看到自己的本性，既有平靜也有混亂、有勇氣也有恐懼。我們可以將那些喋喋不休的想法、對自己消極的念頭，都視為紙老虎，它們都不過是心理現象，無權凌駕於我們做選擇的權力之上。這樣的覺察時刻，可以呈現現實原本的真實樣貌，不受那些分散我們注意力的觀點、願望或思維習慣的蒙蔽。

帶著覺察暫停並見證實相，會引導我們一步一步實現三個願望——即熟悉的安寧祈禱中所提的：接受、勇氣，以及智慧。我們會從接受現狀，轉變為改變現狀，進而增長自己對未來的智慧：

我接受正在發生的現實。
我盡我所能來應對目前的困境。
當接下來有事情發生時，我也會盡我所能去應對。
我將繼續這種態度，堅定或追求勇氣去改變我能改變的。
當創造變革的所有途徑都關閉時，我會對現狀說「是」。
我祈求恩典，讓自己能夠做到這一點。
我平靜的接受自己無法改變的事物。
一扇未曾注意到的、新的大門將會開啟。
這是覺察的智慧贈與的禮物，是我真正的靈性目標。

帶著覺察的暫停，是一種美妙的矛盾：我們充滿覺知停止不動，做好準備以邁出下一步，同時保持靜止和行動、既警覺又平靜。我們發現，自己的身體、頭腦、心靈中，具有啟發性的特質。在靈性上，這是一種對覺悟、對內在之光的覺醒，而在心理上，這是一條通往自信的道路。關於「下一步」，並不總是需要製定計畫，有時，我們只有保持敞開，才能同時在靜止和行動之際保持覺察。

覺察還可以幫助我們在人際關係中，擺脫以小我為中心的態度。當小我在一段關係中掌舵時，很可能會發生船難，我們只有在捨棄小我的狀態下，才能安全的與他人連結。這種從小我中解脫出來的自由，會開啟充滿覺知的溝通交流：

- 我們陳述自己的需求，而不強迫讓它們得到滿足。
- 我們只陳述自己的意見一次，不試圖說服對方接受我們的觀點，我們了解每個意見都來自不同的觀點。
- 我們會放下批判，明智的辨別和評估。因為在批判中，我們會貶低他人、將他們視為壞人，這會造成疏遠，也是一種控制，因為我們要別人遵守我們自己嚴格的標準。而在評估中，我們會客觀的觀察，同時看到價值和局限，我們分享自己的印象，但不要求別人認錯。評估顧問的原型，在我們任何人身上都是健康的，而法官、裁判的原型，只適用於那些被推選出來擔任那份工作的人。

◆ 覺察的主要元素是愛的各種品質：存在於此時此地，不具有負面性（如責備、控制或批判），平靜而不戲劇化。

另一種達到自我安撫和自我調節的途徑，是各世代、所有民族都已經熟知的，我們人類在遠古時候，就發現可以透過詩歌、繪畫、音樂和舞蹈來消滅壓力。是的，我們可以透過藝術進行充分的自我調節，一首詩可以擁有鎮靜的作用，無論透過朗讀或是寫作。欣賞一件藝術品或創作一件藝術品，都可以幫助我們接觸自己心靈中充滿和諧的空間。我們不會透過藝術去逃避，而是飛向其他資源無法企及的高度。

除了藝術之外，我們可以回憶一下榮格在《回憶、夢、反思》（*Memories, Dreams, Reflections*）中所說的：「從治療的角度來看，我發現，去找到隱藏在情緒背後的特定意像是多麼有幫助。」我們可以對一個從自己的恐懼、憤怒、悲傷、喜悅中升起的形象敞開，運用活躍的想像力，喚起藏在感覺中的形象。它們不會來自外在的符號書籍，而是一種對我們來說獨一無二的存在。關於這個方法，我們可以做一些練習，當我們感覺到某些情緒時，讓頭腦進入一種創造圖像的模式，我們的感覺會先變成一個比喻：「我緊張得像隻貓。」然後我們就可以看到貓的形象，注意牠的姿勢、顏色、外觀，讓牠告訴我們一些事情。

我們可以回想《愛麗絲夢遊仙境》的故事中，當愛麗絲感到沮喪或困惑時，幫助她的那隻笑臉貓。愛麗絲與那隻咧著嘴笑的貓之間的對話，是一種想像發揮力量的隱喻：我們在腦海中或天空中看到的一些東西，雖然只是幻覺，但有時那些突如其來的東西比現實更真實、比常識更具智慧，而且都帶著神祕的微笑。

待在大自然中的時光，同樣具有高度的自我安撫和自我調節功能。當我們獨自面對瀑布時，會發生一些在日常世界中不可能發生的事情；當我們在森林裡閒逛時，某些東西會在我們心中敞開，那是我們平常匆匆忙忙逛超市時無法辦到的；當我們站在彩虹前或躺在柳樹下時，有些事情會觸動我們，讓我們體驗到自己的完整性。

所有這些時刻，都讓我們經驗到自我調節和自我修復。我們開始了解，大自然不僅僅是一種展示、一組視覺效果，它呈現了人類在各種經驗和轉化之中，可以達到的最高境界。透過它的鏡頭，可以看見那縈繞在我們內在與外在的無形光環，讓我們了解，圓滿與完整，其實是在我們內在產生。當人與神性相擁在彼此的懷抱中，所有對彼此的懷疑、所有的二元論都煙消雲散。

自然界是一座靈性的殿堂……我們走過的森林，既是實體也是符號，它們看著我們，好像我們對它們已經非常熟悉。

——夏爾・波特萊爾，《惡之華》

保持覺察，迎接並騰出空間

發生在我們身上的每一件事，包括我們的各種感受和情緒，都是練習的機會。雖然我們可能在家庭、工作、任何人際關係中都試著迴避感受和情緒，然而，有一種特別有效的練習，就是保持覺察的迎接我們的所有感受和情緒——也就是說，不受自我批判的玷汙，根植於此時此刻。如此，我們的內心世界將會成為一個支持性的環境，讓我們得到滋養並成長。

在一個支持包容的環境中，我們會覺得安全，所做的一切都是可以接受的，發生在我們身上的一切都可以幫助成長，所有感受都可以信任，並不會為自己感到羞恥。這是一個可以促進轉化的環境，在這種情況下，支持並不是緊抓不放，而是騰出空間。就像我們的幼年時期，外在支持我們的環境，並不是為了把我們留在家裡，而是為了給我們未來離家的旅程做好準備。

同樣的，在這個練習中，內在的支持力量，是為了創造更多空間以迎接改變。我們愈接受自己當前的現實（例如，溫和的接受並允許自己的抗拒）就愈有可能克服它。在這裡，我們可以看到矛盾存在：我們願意接受自己排斥的東西，因而變得更開放。這就像懷孕的比喻一樣，我們蘊藏滋養，最後迎來了新生。

以下三個步驟可以幫助我們培養內在空間——一個支持的環境。而這個環境很快就會成為幫助釋放的環境：

1. 對於所有因人或事件產生的狀況，我們是帶著覺察的見證者而不是受害者。
2. 我們迎接所有感受和體驗，不感到羞恥或批判。
3. 我們相信自己有能力在內在騰出空間，容納我們的各種感受和經驗，不會被它們動搖。換句話說，我們相信所有發生的事實。

這三個步驟，可以將我們的感受和經驗放入寬廣的療癒容器中，且多虧了這種靈性練習，讓我們不再輕易的受感覺、負面經歷和憂鬱的擺佈。相反的，它們每一個都成為一種整合自己的方法，在我們解決困境的過程中，它們更成為友好、協助的力量。我們可以把所有感受和經驗，都放入一個健全的靈性和心理環境中，這個環境充滿接受性和寬敞的空間。以下就是這種練習的運作方式：

- 我們正視正在發生的事情，而不是逃避它。
- 我們讓自己飽受經驗衝擊，而不迴避或美化它。
- 我們問它想要我們怎麼做，而不是將它拒於門外或逃避它。
- 我們用5A中任何一種方式去迎接每個狀況和感受：允許它進入我們的經驗、全神貫注的關心它、欣賞它的價值、完全接納它、充滿愛的支持它。**當我們將這五種方法運用在自己身上時，它們就會構成一種健全的、對自己的愛**。

很快，這些練習會將看似令人恐懼的對手，變成了值得信賴的盟友，「我們」將包含了自我、他人和事件。這種靈性上的接納與歡迎，開始照亮我們自己和周圍的世界，我們讓光穿透，呈現此時此地的真實。事實上，活在當下就是一種張開雙臂、無畏的接納與歡迎。我們將自己感受到或體驗到的一切帶入心的空間，我們愛自己，因為我們以開放合作的方式擁護自己的現實，而不阻擋或躲避。矛盾的是，在沒有防禦的情況下，我們反而感到更安全：當「我走過黑暗的山谷」時，我注意到自己反而「不懼怕邪惡」，雖然那裡可能有邪惡，但我們不必害怕，因為我們一直都在引導、照顧自己。

但等一下，我們可能還是會遭遇高爾夫球般大的冰雹向我們襲來，應該允許它們擲向我們嗎？畢竟，展現脆弱和保持開放並不總是安全的。例如，當我們承擔太多他人的痛苦，以至於自己失去界線、面臨一起墜毀時，我們冒的風險就太大了。在那樣的情況下，我們是不穩定的，且對任何人都沒有用（順帶一提，面對冰雹來襲，較健康的反應是躲起來，而不是站在原地不動）。

在這個練習中，我們可以運用一些肯定的語句來幫助自己，將身邊發生的一切轉化為對行動、改變和靈性成長有用的事情。這麼做是因為我們已經成為煉金術士，可以將沉重的感受和事件，轉化為黃金般千載難逢的機會，沒錯！我們性格中任何不討人喜歡的特質、任何讓現在的自己感到後悔的選擇、任何我們無法忘記的傷害，都可以化為黃金。

用你自己的話重新改寫以下聲明，每天或每周寫一項，把它放在你經常看得到的地方——例如，在你的電腦、鏡子、電話、錢包裡。一整天大聲或在內心重複念誦，也可以用手機錄下整個聲明，並每天聽它。

◆我面對事物的本來面目，不自欺欺人、不妄想，我的困境因而開啟了出路。
◆我開始看到自己的下一步，並發現自己有勇氣邁出這一步。
◆我放下期待，承認現實：「我不抱任何期待的投入，然而它們最後都實現了。」
◆我不留後路。
◆我不試圖修正或控制我所處的狀況。
◆當我讓事情順其自然時，也找到可以讓它們得到最好結果的方法。
◆我對現狀、自己和他人原本的樣貌，已經可以無條件的說「是」。
◆我發現，當我接受別人和我自己原本的樣貌時，我不再批判自己或他人，我迎接一切的「是」，化解了拒絕一切的「不」。
◆現在我想在所有發生在我身上的事物中，發現迎接我的恩典，一種來自宇宙神聖之心的禮物，一種不會熄滅的光，一種包圍著我、同時在我內在開展的東西。

◆ 我相信自己擁有許多內在資源，足以幫助我渡過這個難關或任何困境。

◆ 願所有人都能找到這條療癒和希望的道路。

所有我遭遇的事或我內在發生的一切，
無一例外的，
都提供了我在靈性道路上進步的機會，
現實本身就是神聖的，
每次我面對生活的本來面目，
都不否認、迴避或反對它，
因而可以接觸到自己和周圍所有人的神性。

這個過渡的、有限的空間就如同門檻，我們既不在這裡也不在那裡。對於大多數人來說，穩定的感覺，取決於確認自己在這裡或那裡，然而為了進入人生下一個篇章，繼續這註定的終生旅程，容許不穩定是必要的。

從某種意義上來說，「混沌」是通向成為完整的道路上必要的部分。這雖然看起來與進化自相矛盾，但進化產生新秩序的源頭，其實有兩個：舊秩序的終結，以及隨之而來的混亂。我們就是從那場小規模的衝突中，走向一個比穩定更好的目的地：和諧——融合的真正意義。

我們微笑著意識到，事實上，我們現在存在這個星球上，正是因為所有的「曾經」都是不夠的。例如，我們的家族，在過去還沒有我們存在時，是不完整的。物質在大爆炸時並不滿足於自身，它想要更多：意識。用一個傳統宗教上的隱喻，我們可以說上帝想要一個「他者」，所以上帝創造了一個世界，但即使這樣還不夠，所以伊甸園和我們一起出現了——這讓一切變得不同。

暴風雨永遠無法觸及純淨完美之愛所在的寧靜天堂。

——威廉．拜卡斯和詹姆斯．詹森，《真正和平指南》

慈愛練習

迎接一切並騰出空間的作為，並不亞於愛，那是至高無上的修行之道，讓自己有勇氣可以留下來解決事情。而無論他人的行為如何，我們都可以按照自己的核心價值生活時——這是我們在所有人際互動中採取最高道德標準的承諾——勇氣就會不斷茁壯成長。

當我們重視去維護我們在情感關係、工作環境、組織和我們參與的任何計畫中的人際互動與連結時，愛就會茁壯成長。當衝突出現，我們會以愛支持，並向周圍的人表達愛。當我們帶著慈愛（loving-kindness）的動機去採取行動，就不會再被自我中心或恐懼的小我驅使，不再是親密和友愛的死敵，我們已經消除了否定愛的制約。哥白尼對於宇宙運行的領悟，如今也發生在我們身上：小我不再是讓其他人像衛星般圍繞的中心，我們已經接受一種新的存在方式：慷慨寬宏的慈愛。這樣的修習，可以讓我們盡一切努力、堅持處理問題的承諾變得更完善，它影響深遠廣泛，比我們自身還要更宏偉。慈愛可以將我們帶到那裡。

慈愛有助於療癒關係中發生的衝突，也療癒垂死掙扎的組織，以及不斷妥協的關係。這是一種用慷慨和關懷，來照料我們受損關係的方式，所謂慷慨，就是不強求對方一定要付出等量的回報、形成互惠關係；而只顧自身利益的小我，則會堅持要求獲得平等的愛作為回報。當我們慷慨行事，或向他人表達愛心時，尋求互惠當然是很自然的，然而我們不能期待互惠，那是一種交換條件，與無條件的愛背道而馳。有些人不懂得回報、甚至不感激，這也與生命的本性背道而馳。同樣的，「堅持彼此互惠」也會讓愛和慷慨，成為「得到回報」的一種操縱手段。

當我們放棄操縱與心機，就是一種美德。我們去愛，是因為愛本來就是我們人生的計畫，而不是因為它會讓我們有所收穫。這讓我想起威斯坦・休・奧登（W. H. Auden）《愛更深的人》（*The More Loving One*）的詩句：「假使不可能有對等的愛，讓我成為愛得更深的那個人。」

通常，在我們想要逃避的親密關係或人際關係中，我們總會將重點放在它們有多不適合我們。我們感到絕望，是因為看不到、甚至想像不到有任何人會改變。慈愛的修習，可以讓我們重新把焦點放在更廣闊的視野上，也就是，無論如何都去愛所有的存在，這種普遍性和無條件性，可以讓我們不再專注於周圍之人的不足之處。慈愛是一種將我們從狹隘中解放出來的修習，我們將會帶著全新的眼光、更廣闊的視野、對自己新的自信回來處理問題。如今，我們會覺得其他人是可以補救的，愛正在我們眼前救贖他們，我們發現了慈愛的核心力量。

我們愛的範圍愈廣闊，就愈願意在此時此地、努力提升一段關係，或促進處理狀況的效率。對自己慈愛，就是停留在仍然起作用的狀況中，而從束手無策的狀況離開，並繼續前進。從這層意義上來看，本書中所有內容都是關於慈愛的修習。

我們可以學習以基本的佛教方式修習慈愛。首先要認知到，我們的愛並不受限於一小圈我們所愛的人，它可以擴展成六個同心圓的關係：

同心圓的第一圈，只包含我們自己，一個最值得愛的對象；第二圈，是由我們最親近的人組成：包括家人、伴侶、朋友；第三圈，是不親不疏的人們，包括：鄰居、店主、常碰面的人；第四圈，包括那些難相處的人：敵人、我們不喜歡或不喜歡我們的人；第五圈，在傳統佛教修行中不存在，這是我添加的，因為我們現在更能意識到種族主義和仇外心理，那就是所有我認為與自己不同的人——也就是說，我之外，不像我的人們。第六圈是全球性的，包含無處不在的眾生，在這最後一圈中，我們將愛的範圍擴展到更遠、更廣，毫無保留、沒有例外的愛著。

我們的愛走得愈遠，我們的心就愈大，而且，多虧我們修習慈愛，我們讓自己變得與世界一樣大，而不再限於小我的狹隘。

修習可以每天進行，我們渴望這樣的信念，會帶給我們自己和他人最大的價值，且得到最大益處：獲得幸福、免於痛苦、甚至開悟。我們對所有的圈子都發出平等的愛，儘管我們不會以同樣的方式向他們表達我們的愛，這樣的修習，擴大了我們的愛和善意所能觸及的範圍。以下是修習慈愛的方式，可以大聲朗誦或在心中默念：

願我幸福。
願我愛的人們幸福。
願那些與我不親不疏的人們幸福。
願那些難相處的人們幸福。
願那些我當作異己（他者）的人們幸福。
願一切眾生幸福。

接著我們複頌這些句子，並且用「沒有痛苦」、「愛和被愛」或選擇任何正面的詞彙代替「幸福」。

這個練習，也可以應用到我們平常做的自我肯定練習或祈禱的內容中，例如，我們的祈願可以不只是這樣：「我放下控制，並找到自己真正的力量。」而是加上這句：「願我愛的人放開控制，找到他們真正的力量。」然後置換成 5A 中其他每一個肯定詞，重複用這樣的形式祈禱。我們不再只是提出自己的需求，而是同時考慮到他人、將相同需求從自己擴及到所有人；我們不再只追求自己想要的，也將所有可能需要的人包含在內。因此，我們自己變得更大了，或者更確切的說，我們讓靈魂完全擴展到圍繞我們的世界。

這裡有個更具體的例子。假設我們患有憂鬱症，我們會先肯定自己：「我的憂鬱症每天都會減輕一點。」然後根據慈愛練習，我們知道全世界都有憂鬱症患者，所以補充一句：「願世界各地的憂鬱症患者的症狀，每天都減輕一點。」現在，我們體會到自己並不是獨自忍受憂鬱症，而是整個人類大家庭。我們處在一個群體當中，也把這個群體放在自己心上，這種連結方式對我們自己和每個人都有幫助。

同樣，如果祈禱是我們練習的一部分，也可以用同樣的方式擴大它的範圍。當醫生通知我們得了重病，我們會祈禱：「上帝，請幫助我找到療癒的方法。」除此之外還可以補充：「願上帝也幫助世界各地與我患有同樣疾病的人。」隨著靈性意識的增長，我們的任何肯定練習或祈禱，都不再局限於自己，它們開始在一個比我們這個狹小自身更大的範圍中運作。在約翰．鄧恩（John Donne）《早安》這首詩中，我們聽見：「愛……讓一個小房間成為大千世界。」而我們也已經搬進了我們真正的家，它像這個星球一樣廣闊無際。

弗拉維奧・約瑟夫斯（Flavius Josephus）是西元一世紀的羅馬猶太歷史學家，他在著作《駁斥阿比安》（*Contra Apionem*）中寫道：「妥拉（Torah）中的律法，主要是為了引導人性中的大愛普及化，我想總有一天，這會變得很明顯。」約瑟夫斯展現了一個成熟宗教修習者的眼界，不局限於任何一個民族或傳統，更不局限於我們自身。

他提出的大愛意識，可以應用在我們所有的修習上——包括身體、心理和靈性。事實上，他的陳述可以成為我們人生的目標：「普及人性大愛」。也就是當我們提升，所有人也都可以與我們一起提升，這相當於佛教中所謂的菩提心（bodhicitta），也就是不僅止於我們、包含一切眾生都能得道覺醒，換句話說，我們一切都是為了眾生。

「我想有一天我會明白，我的一生注定要成就對人類普遍的大愛。」一位禪師教學生射箭時說。他們站在俯瞰大海的懸崖上，禪師前方幾碼處設有箭靶，但他並沒有瞄準箭靶，而是舉起弓箭射向浩瀚的大海。他轉身對學生說：「我射中標的了。」宇宙穹蒼是所有形式的愛之中最尊貴的，是我們一生的目標。

到底是什麼引導我們修習慈愛？可能是被我們想要效仿的老師們所吸引，例如佛陀、基督或任何其他美德的典範。當人們不願和我們一起修習、當他們說我們愚蠢、甚至踩著我們爬上頂峰時，我們的修習也不會動搖。我們並不會將靈性當作一種策略，為了去贏別人、獲取好處、得到優越感或安全感。我們參與其中、成為它，而既然我們已經看見光，它就是我們唯一的選擇，那道光是我們心中升起的智慧，它來自於接受「本然」，並儘可能「勇於改變」，愛讓一切成為可能。

在這個世界上，選擇這唯一的愛的形式，可能並不是我們給自己的最困難或最艱鉅的任務。我們可以在覺醒的時刻——也就是透過恩典——進入一個充滿慈愛的生活，我們也可以透過充滿誠意的修行，逐漸達成我們的承諾。在這種情況下，我們並不等待覺醒時刻，而是透過練習得到覺醒。它反映了處於最佳狀態的我們，這樣的我們一直都存於我們自身之中，當我們開始邁向圓滿的轉化過程，會感到一種暈眩的喜悅。實際上，我們是發現了自己的本性，我們已經在此生成佛，圓滿了所有的緣分。

我們帶著慈愛、覺察和正直去行動，甚至不假思索，它們自動自發、已經成為我們存在這世界上的一部分。古羅馬哲學家塞內卡（Seneca）也注意到同樣的轉變：「我的善良現在不需要經過思考，已經成為一種習慣，永遠只會做出正確的行動。」同樣，聖奧古斯丁（St. Augustine）也曾說：「愛隨所願。」換句話說，一旦你擁有真實的愛，就不太可能做出對自己和他人無益的事情，這種對慈愛的承諾，突顯了我們修習中的道德面向。

正如前面所提，慈愛會讓一個人向整個社會敞開。我們對慈愛的承諾，讓我們聽見召喚，願意一起共創一個正義、和平與愛的環境，而「聽見召喚」只是一個比喻，其實是回應內在最真實的自己，以及我們真正想要創造的生活。

我們的召喚，是我們的天賦才能和天賜祝福的交匯點，我們有能力去做、也喜歡去做，而這樣的結合，讓我們幫助了慈愛清單上的所有人。我們的貢獻，會以我們獨特的方式、根據我們最適宜的時機來實現。例如，可能一開始，我們單純只是感覺受到召喚去與他人同在，之後，因為我們對他人的慷慨大方，終於成就了英雄事蹟，然後我們開始從靈性層面轉向了神聖。然而，無論在任何方面，我們做這些事，都不尋求他人的讚揚或認可。

我很贊同古代公學（public school）的一句格言：「善行本身就是回報。」然而，當別人認可或欣賞我們時，我們仍然心存感激。我們發現自己與他人的連結更緊密，我們變得更關心他人，且關心的範圍也更廣泛，事實上，它擴及到整個世界，我們致力的是建立連結，而不是自我推銷。

我們在人際互動的方式上，變得更理智、避免戲劇化、不煽動或被他人觸發，而所有這一切讓我們更喜歡自己——也就是說，自尊心增長了。所有這一切都幫助我們將焦點放在可以發揮作用、可處理或解決的事情上。看到自己可以如此真誠的承諾，就是令我們最滿意的回報。正如道元禪師在《正法眼藏》中所說：「祂們（古代的菩薩）不求回報，起心動念都是來自於祂們行善的承諾。」

慈愛是一種無條件和普及世界大愛的承諾，它流向三個方向：自我、他人、所有人。我們致力於個人改變、我們以友善的方式對待他人、我們充滿愛去關心周遭世界。我們啟動了所有人內在最底層的愛，這也是為什麼存在於我們內在個人的愛，可以在世界各地與所有人連結。而我們日常的慈愛練習，讓我們願意留在一段親密關係或人際組織中夠長的時間，去處理問題，使它至今仍能作用。

雖然本書主要的焦點放在我們自己身上，是關於我們去留的選擇，然而，有時我們會看到自己認識或所愛的人，在一個狀況中待得太久或不夠久，我們確信他們留下或離開的時機是正確的，所以想給那些我們認識的孩子、朋友、伴侶、同事、教友一些建議，甚至激勵。

然而，即使我們確信自己清楚看見了他們的處境和可能的補救措施，對我們來說，一種更富有同理心和尊重的做法是，帶著覺察、放下批判和建議，不要試圖將他人提升到我們自認為的智慧程度，我們只要讓自己作為支持者出現在他們面前，這樣，他們就可以從他們所在的地方，邁出下一步，即使只是一小步。

願我展現自己所有的愛，
以任何我做得到的方式，
今天和時時刻刻，
以愛對待每一個人——包括我自己。
愛是我們真正的樣子，
也是現在我們在這裡所展現的。
沒有什麼對我來說更重要，
或者能給我更大的快樂。
願我們整個世界成為
一顆愛的聖心。

心靈練習

一周冥想練習

最後一個練習，是在一周內，每天冥想以下一段文章，並將問題的答案寫在你的日記裡。

▼周日的練習

首先，我們要與自己的經驗交朋友，讓自己內心的溫暖慢慢滋養，慢慢的、非常緩慢的，輕輕的、非常溫柔的讓強度增加。去接觸內在更多不安的感受，這樣做，可以讓我們相信自己有力量，帶著善意活在這個寶貴的世界上，儘管它藏有地雷，但我們仍能保持尊嚴和善良。有了這種信心，我們與他人產生連結就變得更容易了，因為當我們與自己風雨同舟時，還有什麼好怕的呢？

無論他人怎麼刺激我們，我們都不需要透過回擊或封閉來防衛自己。

——佩瑪・丘卓，《不被情緒綁架》

我要如何像現在這樣充滿愛意的擁抱自己？

當我的人際關係遭遇問題時，我要如何才能承諾去解決問題？

眼見生活在這世界上，要一直保持快樂是多麼困難的事，如何才能讓我覺得沒問題？

我目前的生活、人際關係和處境中，有哪些是可以讓我覺悟的機會？

我如何才能決定留下來或不留下來，與我自己或我的人際關係「同甘共苦」？

當我被別人的言行觸發時，我會如何回應？

我要如何充滿力量和自信的回應他人？

有哪些方法可以讓我放下自我防衛？

我是否會被最讓我驚嚇的事觸發：我的陰影有多大，影響有多廣？自欺欺人的心態讓我總是高度警戒他人，但事實上，問題在我自己身上，讓我翻轉這個狀況。

周一的練習

新的體驗已變得比安適保障更安全。

——丹尼爾・林德利，《人生旅程上》

在我的日常作息中，有什麼不再讓我感興趣或變得沒有活力？

有什麼新想法在我腦海中擴散？

我如何才能將它們當中的一項、一些或全部付諸實踐？

我最近的新體驗是什麼，我是如何將它融入我的生活的？

當我把自己當作一個孩子時，最值得信賴的安全和保障來源是什麼？

童年時，經歷新的事物時有什麼感覺？它們是可怕的、還是具有挑戰性的？是令人厭惡的、還是誘人的？為什麼會這麼覺得呢？

我有哪些內在資源可以為我自己創造安全感？

我如何才能從別人或更高的權力那裡，尋求一些支持和鼓勵，讓我可以更信任自己？

周二的練習

每隔一段時間，我就會想起自己的死期。我想知道自己將如何被記住，我希望我的悼詞不要提及我的諾貝爾和平獎、我的教育和其他獎項……我希望別人記得，我曾是一個試著去愛別人的人。他們會說：「馬丁・路德・金恩試著讓飢餓的人有飯吃、讓赤身裸體的人有衣服穿、會探望被監禁的人、讓盲者能看見、讓聾者能聽聞……」我沒有什麼可以留給你，沒有財富、沒有奢華，我留下的只有承諾的一生。耶穌，我不想因為名聲、而是因為愛來到祢左右。

——馬丁・路德・金恩在他葬禮上播放的最後一次講道

我想要如何被記住？

我最看重的是什麼，我該如何採取行動？

愛如何在我的生活和人際關係中變得愈來愈生氣勃勃？

我相信自己有能力以寬容的方式去愛嗎？

愛是一種關懷、有承諾的連結，關於這點，我的人際關係教了我什麼？

我是否仍試著與他人一起解決問題，還是已經放棄了？關於我對待他人的行為上有什麼例子？

我如何才能敞開心去享受簡單的事情，而不是讓事情變得複雜？

我如何才能更清楚看見，我對自己和人際關係上所做的努力，對周圍的世界有所貢獻？

我會留下什麼？

周三的練習

湧流會經過我們，而我們要做的，就是有意識的待在那裡……需要一生的練習，才能在流動中保持不動。

——理查・羅爾，《默觀，看見生命的實相》

當我努力處理我的關係和人際連結時，有什麼流進我的生命？

我如何才能愈來愈有意識的專注於正在發生的事情？

需要什麼才能讓我相信，現在生命中發生的事，是召喚我去做出改變和轉化？

讓我做那些能夠發生改變與轉化所需的工作。

怎麼樣才能在「現狀」中停留夠長的時間，以便能夠自然的進入一個對雙方、或所有人都更好的狀況？

我的承諾中存在著什麼樣的恩典，讓我去做該做的事，以幫助我的生命和周遭一切，都能得到必要的更新和改善？

我如何才能鼓起勇氣去改變可以改變的事？

我如何才能相信，自己有能力充分發揮、利用正在發生的事？

周四的練習

我想開展，我不想在每個地方都隱藏自己，因為只要我仍保持著祕密，就不是真實的自己。

——萊納．瑪利亞．里爾克（Rainer Maria Rilke），《時辰之書》

怎樣做才能忠於自己，並真實面對我的人際關係和環境？

我的哪些信念、態度和行為使我退縮？哪些使我擴展？

我在隱藏哪些其實可以試著敞開的事？

我如何才能向我信任的人敞開心扉，讓我們能夠擁有真正的親密？

如果能信任的人很少，我該如何擴大信任的朋友和人際圈？

既然忠於自己是自我肯定的一部分，我如何才能漸漸朝著那個方向前進呢？

老實說，當我探索自己是否真的想在那些困難的人際關係和情況中展現自己時，我並不真的這麼想，只是希望自己可以。

我如何扮演一個自認為可以被人接受的角色？

在他人的干擾之下，我如何才能盡一切努力來展現我的內心？

我如何才能在心中找到一個足夠大的空間，讓我能夠盡一切努力與他人連接和交流？

今天我會寫一首關於這一切的詩。

周五的練習

我本來只是出去散散步，最後卻決定在外面待到日落，因為我發現，走出去，實際上是一種進入。

——約翰・繆爾（John Muir），《夏日山間之歌》

當我在大自然中時，如何才能帶著好奇，傾聽和觀察在那裡遇到的一切，並學習關於我自己的生命和人際關係？

戶外活動如何向我展示生命透過持續的運行而自我更新？

如何才能在自然界中找到自己生命的隱喻？例如，四季可能反映我生命中不同的篇章，並不斷的交替循環。

樹木上達天際、根紮大地，這可以說是我的寫照嗎？我是否能夠腳踏實地而靈性升揚？

我如何才能在大自然中充實自己的經驗，並藉此敞開心扉，去療癒我的人際關係和狀況？

月亮、星星和太陽如何幫助我？

周六的練習

我們生命中真正的旅程是往內的：它是關於成長、深化，並臣服於我們心中愛與恩典所展現的創造性行動。

——多瑪斯・牟敦致好友信函，一九六八年九月

「繼續前進」是否只意味著外在的行動？也許我現在就可以信任自己的召喚，開始一趟內在的旅程？

有什麼能幫助我相信，一股不斷擴張的力量正在我內在綻放，讓我可以療癒自己和我的人際關係？讓我相信沒有什麼能限制我，也沒有什麼能阻止我。

我如何才能在心中辨識、並充滿感激的回應「愛與恩典的創造性行動」？

我如何才能發自內心、帶著善心、因為關心而行動——也就是說，在所有的選擇中都懷著對慈愛的承諾？

是什麼在我心中悄悄萌芽，想要擴展並包容整個世界？

我的身體如何向那股在我體內愉悅流動的靈性力量敞開？

月復一月，所有事物漸漸褪去它們的剛硬冷酷，甚至連我的身體，現在也可以讓光穿透。

——維吉尼亞・吳爾芙（Virginia Woolf），《海浪》

第五章 時機的奧祕

如果不是現在，它總會來到——總之要做好準備。

——莎士比亞，《哈姆雷特》

「時機」（timing）指的是，某件事情發生在最正確時刻，而我們所說的「正確時刻」，指的是適當的時間點。慎選時機的能力，就是某個瞬間，當一切都聚集在一起，讓我們的決定或選擇剛好可以符合我們需要的能力。時機，就像開悟或春天，是我們無法控制的，我們無法讓它發生，它必須自己發生——在它自己的時間點上。

我們可以將時機區分成漸進的和突發的。漸進的時機是指，經過一段成熟的過程，最後達到完成狀態。就像我們還是嬰兒時靠喝奶維生，逐漸成熟之後就可以吃嬰兒副食品，然後是固體食物，我們會順著生物時鐘的指示，慢慢在每個階段準備好。而其他例子如春天的到來、日落、甚至麵團發酵等，都是逐漸發生的。

突發的時機，是指一個觸發事件，或沒有經過演進過程的迸發狀態。例如一見鍾情、新的想法突然在腦中浮現，或我們在冰上突然滑倒。在自然界中，間歇泉突然從地表噴湧而出就是最好的例子——遠超出人類的計畫。

有時，我們認為是突發的事情，其實已經醞釀一段時間了。變化、運行、轉化一直在我們內在和周圍醞釀著，但我們的意識卻與之隔絕，在這種情況下，看似「憑空」發生的事情，實際上早在幕後進行著。想想關於聖誕老人工作室中，製作玩具的小精靈傳說，每年從十二月二十六日開始，小精靈們就開始勤奮的製作下一年度的新玩具，然而，對於收到玩具的孩子們來說，它們看起來像是在聖誕節早晨「突然冒出來」的。

同樣的，現在可能有許多組「共時現象」正在進行著，最終會以「突然」的意外相遇而告終，例如我們巧遇未來的伴侶、恩人或宿敵。從靈性的角度來看，我們其實是在共時性的組合中，慢慢進化成為完整的靈性意識和力量——伴隨著我們自身之外的幫助。某種不知道是什麼、不知道如何作用或從哪來的力量，總是充滿愛的幫助我，讓我成為比現在更好的自己、讓我為下一步做好準備、讓我有覺醒的能力。

「時機」這個詞可以用在很多地方：讓事情同步發生、音樂中的節奏感、採取行動前的耐心等待、中場休息的時間、選擇做某件事的最佳時機、進階或退場的時間，另外，時機在單口相聲和各種表演中也很重要。

我們在本章中所說的時機，主要是指一種讓事情發生的神祕及時性。我們之前所舉的一個例子是，麵團會按自己的時間發酵，我們在揉麵團時盡了自己的一份力量，接下來，只能遵從它自己所需的時間，我們只能等待時機——它的時機——到來。懷孕的時機也與麵團發酵相同，會慢慢到達完全熟成的狀態，它不是突發而是緩慢的，我們自己在子宮的黑暗中慢慢孕育，直到誕生的時刻到來，前九個月是胚胎發育期——無事可做，只有成長。

這是一個多麼棒的比喻，在我們的生命中，有許多時候都必須讓時機自己去醞釀，而我們只需要耐心等待。這個比喻，讓我們聯想起第一章中曾經提到，在一切懸而未決的黑暗時期中進退兩難的狀況，就如同我們在子宮中，被臍帶懸吊著的姿勢，這是我們堅持下去的第一個練習，同時也相信在時機成熟時，奇妙的事情自然會發生，我們堅持著直到出生。而如果我們繼續堅持下去，這一生中，我們即將擁有和即將面臨的重生次數，將多到不容小覷。

有時，時機取決於大自然的計畫，如同水手們將一切都準備得井然有序，但在風向和潮汐適合航行之前，無法有任何行動，即便我們在船上花費的工夫都準確無誤，還是必須謙虛的等待海神給予的時機。在靈性生活中，這也是一種等待恩典的比喻。我們雖然進行冥想練習，但開悟的時刻並不取決於我們在冥想坐墊上所花的時間，我們的修行並不是演練，開悟的時機是一種生命的恩賜、一種玄妙奧祕的上演，而不是對我們行動的回應。然而，我們的行動會讓自己處於被推薦的位置，讓恩典降臨在我們身上——當然，這沒有承諾。

宇宙的調頻音叉，已經朝我人生的每一篇章發出不同的聲響，我該如何呼應這些恩賜的時機？

時機和準備就緒

機緣巧合之下，我發現了自己內在的悟性。

——寂天（Shantideva），《入菩薩行論》

時機與我們自己的就緒狀態，會產生相互的關聯，在這種情況下，時機可以反映內在的準備狀況和意願。以下有個例子：我們想贏得西洋棋局，但在這之前，必須投入足夠的時間進行練習，當我們付出大量時間磨練足以得勝的技巧，最終總會贏得勝利。然而，只是相信或希望我們已經準備好是不夠的，我們準備就緒的狀態還必須配合時機。在這個例子中，準備就緒的狀況指的是培養技能所花的時間，當我們的技術水準達到獲勝的程度時，時機就到了，現在，我們的就緒狀態與適當的時機已達成一致。

另一方面，有時當我們確實準備就緒的時候，可能還是會懷疑自己是否真的準備好了，我們可能會認為自己在西洋棋上還需要更多的練習，但實際上並不需要。在這樣的狀況下，時機和準備就緒的狀態也必須同步——我們必須相信它們彼此之間的聯繫。在這同步之中，我們必須讓自己跟上那些需要或準備要發生的事情。在更深層次上，我們自己的準備就緒狀態和事情在「正確時間」發生，是一種同步性的實例——時機與準備就緒同步發生。但事實上，這不是我們單方面的準備好去配合時機，也就是說，努力和練習並不是同步性發生的原因，有時反過來，當一些計畫外的事情發生時，也會促使我們做好準備。

例如在電影《綠野仙踪》中，一場龍捲風突然襲來，讓桃樂絲做好到達下一個目的地的準備。有時時機到了，而我們還沒有準備好讓它進來，但時機有一股能量、一種推動力，就像龍捲風一樣，它可能不會客氣的等待我們迎接它，就像桃樂絲沒有配合時機的召喚，於是在意想不到的時刻、非自主的被捲入其中。而事實也證明這是一種恩典，是時機在靈性旅程中的另一個名稱。

當同步性發生時，是否順應這個時機，將取決於我們。我們無法催促它，但也無法拒絕它：

- 周二我不能去，不知道為什麼。
- 我周三可以去，突然覺得準備好了，不知道為什麼。
- 周四去就太遲了，我只好讓機會從身邊溜走，我也許知道（或不知道）為什麼。

同步性指的也是一種準備就緒和機會的交集。可能有一個我們沒有預見的巧合，它對我們來說是很有益處或有用的，例如，當我們剛完成學位時，一個適合我們專業領域的工作剛好出現職缺，時機實在太完美。我們剛好在機會出現的時候做好了準備，然後必須打鐵趁熱，否則機會可能會冷卻。

有些人天生就具有識別時機的能力，知道什麼是可行的，什麼時候開始一個計畫恰到好處，什麼時候事情已經準備要發生，什麼時候開始從基層開始參與，什麼時候已錯失時機。他們有一種閱讀凶兆的本領，可以預測什麼會成功，他們可以準確的指出關鍵時刻。

另外有一些人，發現自己不太能準確把握時機，他們配合時機來處理事情的能力較差，無法清晰看見不祥徵兆。而我們在本章中討論的一些內容，希望對這些人能有所幫助。然而要記住，即使我們試著學習辨識時機，還是要記得，時機總是帶著一種神祕不可知的特質。

當我們挺身而出、迎向挑戰時，無論是否感覺已經準備好，時機也有可能在此刻發生，這就是一種帶著意圖的準備就緒。所以，當我們被要求展現自己新的能力時，因為自己願意挺身而出，自然而然就會成為有這份能力的人。這可能是我們自發的，也可能是因為有人向我們保證，並為我們加油打氣、鼓勵我們可以做得到，然後我們相信並開始行動，因而免除了時間的虛耗。以下是一個例子，顯示我們接下一件比自己曾有的經歷還要困難的事，卻能夠準備好：

我們成功的完成了三年級的學業，順利進入四年級，雖然還沒有真正成為四年級學生，但每天來上課，很快就讓我們為四年級的課程做好準備。然而，如果我們直接去九年級的班級，無論在課堂上坐多久，我們都無法為九年級的課程做好準備。另外，有一個關於體能的例子：如果我們要準備進行劇烈運動的訓練計畫，必須讓身體狀況準備好、精神也必須專注，因為所謂的時機和「正確的時間」是銘刻在我們身體和心智中，兩者就像硬幣的兩面般，始終是一體的。

以下這些例子，都顯示了在最正確的時刻，我們也剛好準備就緒：我們心中產生一個以前無法想像的想法、我們終於看清關係或工作中真正發生的事實、我們接受一個關於自己不好的事實、我們規劃了自己的事業或退休計畫並堅持到底、我們知道自己在工作或關係中已經受夠了、我們知道在放棄計畫之前需要更多時間、我們逐漸了解或願意說出自己的性取向或性別認同。

在所有上述例子中，時機與個人的就緒狀態（也就是我們的適合程度、準備狀態、成熟度、健康狀況）剛好都相互吻合。

以下摘要了一些例子，說明時機與準備就緒之間可能會產生的關連性：

◆時機與準備就緒之間的關聯性，就像「事件本身」與「激發事件的媒介」之間的關係。實際上，時機——所需的時間——可以讓準備就緒成為可能：「X光顯示我的腳踝現在已經痊癒（時間已經足夠），所以我已經準備好開始走路了。」扭傷的腳踝需要一定的時間痊癒，隨著時間流逝，準備狀態也慢慢就緒，最後終於可以開始行走了。

◆我們準備就緒的狀態，可能與他人的時機產生同步性：「當我正準備好學習，老師就出現了。」

◆要去還是要留的決定，必須經過時間的考驗。例如，我們可能為了某件事猶豫不決，想要還是不要？時間的考驗，是為了看看我們是否真的想要它，是否一整天、每一天、連續三十天都毫無疑問確定想要。另一個例子是在我們的婚姻上做些努力，每天全力以赴、連續三個月，看看它是否能成功。天數或月數可以由我們自己決定，但要記住，時間的考驗，對於是否真的準備好（是否能做出明智的選擇）來說，至關重要。

◆有時，準備就緒的狀態取決於能力，而那能力需要時間來發展：例如，我們可能在童年看過一部電影，其中的角色有了外遇，但當時的我們並不能從性的角度去了解，我們年紀還太小，無法體會。當我們成年之後再看同一部電影時，立即就能理解其中關於性的暗示。

◆「做功課」可以加速我們準備就緒的程度，讓我們更容易知道到底發生了什麼。例如，在十八歲時——正是政府安排入伍或徵兵的年紀——會認為愛國主義就代表報名入伍去參與戰爭，但後來，軍中一些人士得出這樣的結論：戰爭其實是與大企業聯手，讓他們可以提高獲利。然而這不是最近才有的意識，用西元前四五六年去世的希臘劇作家埃斯庫羅斯（Aeschylus）的話來說，就是：「戰神是屍體貨幣的兌換商。」

◆準備就緒的狀態，與「為了擁有能力」所付出的努力成正比：「只有當我擁有謙遜的態度去承認自己有這些偏見時，我才能深刻的了解自己的偏見。」

◆及時性和準備就緒的狀態會以恩典——生命禮物——的形式實現，不需要我們自己的努力，不需要功績、計畫、領悟或採取行動，就只是這麼發生了，而我們的回應是感激。有些東西，我們不知道是什麼、不知道如何開始，我們也沒有邀請或努力爭取，但它總是提醒我們，我們的心是如何的廣闊，然後你瞧，它就這麼讓恩典發生了！★

有時我們還沒有準備好，時機也不對，例如在一段關係中，我們的伴侶出軌了，我們知道、也直覺感受到、猜到，但無法（或還不能）有意識的、明確的認知。會發生這樣模糊不清的狀況，是因為我們還沒有準備好讓訊息完全進入，但不要因為在時機成熟時沒有完全認知到事實而責怪自己。正如我們之前看到的，只有當自己準備好去了解並採取行動時，才能充分認知狀況，然後自己準備就緒的狀態，才能與時機、安排與處理達成一致。我們的身心必須準備就緒，才能接受目前對自己來說可能還太過震驚而無法明白的東西。

這正是為何覺察可以幫助推動事情發展。我們花很長的時間靜坐、觀察自己的心，讓它準備好去看到真正發生的狀況。只有當習慣性的投射、對結果的執著和一廂情願的

★ 如果你想詳細探討這個主題，我的另一本書《恩典的力量：認識路上的意外禮物》（*The Power of Grace: Recognizing Unexpected Gifts on the Path*）可能會對你有所幫助。

想法都被消解時，真實的視野才有可能顯現——這正是覺察對我們的作用，而覺察也可以幫助我們擺脫對認知自己實相的恐懼。

同樣的，我們可能需要一段很長的時間才能準備好，從內疚——造成心愛的人痛苦——當中解脫出來。一位父親帶著吸食海洛因的成年兒子，參加了一次又一次的家族治療課程，他一次又一次聽到，兒子的吸毒問題不是父母的錯的主張，但他並沒有真正接受或相信這一點，然後有一天，他再次聽到這句話，突然間他明白了。只有在時機成熟的時候，他才「準備好聽到它」，一旦他聽到了較深層次的真理，就不會忘記。然而這是怎麼發生的？又為什麼會如此？現在你明白，為什麼我們要使用「時間奧祕」這個詞了吧。

向奧祕低頭——承認並歡迎它，它在靈性上幫助了我們，因為它，我們變得更謙虛，事實上，每一種美德都是讓我們達到準備就緒狀態的途徑。

有時我們無法得到較深層次的認知，因為我們還沒有能力以那種方式去了解。記得在〈約翰福音〉16章12節中耶穌說：「我還有好些事要告訴你們，但你們現在擔當不了。」門徒們還沒有準備好接受祂教導中崇高的奧祕，而佛陀和祂的弟子們也有類似的情況。通常我們可以知道事實，但還沒有準備好了解其中的含義，那包含在隱晦中奧祕的意義，總有一天會揭示。當我們說「漸漸的，時候到了」，除了表示時機、及時性之外，也表示時機包含了不同的層次。

我們在高中時讀莎士比亞的《馬克白》，只能了解故事情節的基本架構，當我們四十歲看它上演、然後在六十歲又再次看它上演，就會有全新的認識。我們能體認劇情更深層次的意義，與年齡、經驗在我們內在產生的準備就緒狀態有關，而所有這些都與時機相連結。

這些不同層次的奧祕，可能跟兩個對立的元素互相結合有關。例如，高中時期的我們，會覺得馬克白是個被自己的野心打敗的悲劇人物。四十歲時，我們忍不住好奇，自己在人生中的選擇是否也會像他一樣，或者只是批判他的惡行。但到了六十歲，我們可以同理他，但也知道他在許多方面的行為是錯誤的。當批判和同理最終相遇時，我們對馬克白——或任何人、包括我們自己——就有了完整的了解，這可能需要好多年的時間，而這就是所謂靈性覺醒時機的漸進方式。

時機可以在我們看到兩個對立元素互相結合的那一刻開始。在米開朗基羅的《聖殤》（*Pietà*）雕塑作品中，我們看到聖母馬利亞抱著耶穌的屍體，既代表死亡，又代表生命的承諾，既是對死亡的積極悲傷，也是對復活的無聲希望。同樣在自然界中，我們也可以看到許多對立元素結合的奧祕：斑馬的屍體是禿鷹持續生命的食物；冬天既是夏天的結束，也是讓世界為迎接春天做好準備的中場休息時刻；小溪今天在這裡流淌，但同時它也正走向海洋。

所以，現在與未來是並存的，正如埃及女王克莉奧佩特拉所說，我們擁有短暫的肉體，但也感受到「不朽的渴望」。有了「正」（thesis）和反（antithesis）相互的張力，終會開創「合」（synthesis）的局面，也就是將兩者結合起來，綻放成新的樣貌。

根據我們到目前為止探討的內容，可以歸納成以下圖表，顯示「準備就緒」與「時機」之間的關聯：

準備就緒	時機
準備的狀態	時間的狀態
線性的	超越任何模式、邏輯或順序
陽性能量、動力、採取行動	陰性能量，對任何發生的事保持開放
可以理解	奧祕難解

我們通常透過計畫或努力實現它	它就這麼發生了，通常是偶然發生的
練習或變成熟的結果	偶發的、非計畫性的
個人可能已經準備好，但必須等待社會文化的時機。例如，在美國，一對同性戀伴侶想要結婚，必須等到一九五〇年後才能合法化	社會的法律和普遍態度，已經醞釀著對同性戀伴侶有利的變化
對巧合做出反應	是一種共時、同步性
需要我們的同意	無論我們是否同意，都會發生
我們可以朝著它努力，或者看到它的到來	它無法計畫，但可以預期或渴望

在《奧賽羅》劇中，我們會聽到人對於時機完全無法掌握的敘述：「不要再審視這個東西了，讓它交給時間吧。」在希臘語中，有兩個表示時間的詞彙很重要：「Chronos」表示一段持續的時間、時間依順序流逝；而「Kairos」指的是恰當適宜的時機、目前的條件恰好可以讓決定性的事情發生。例如，正逢其時接受召喚，對此，我們反應欣然，所有的猶豫都消失了，當我們對事件的反應感覺不像是一個選擇時，就知道

這是「Kairos」時刻，它似乎與即將發生的事、甚至是我們正要開展的命運連結上了，我們無需深入挖掘，而是滑進去、被恩典帶進去。

「Kairos」使時間成為一種個人體驗。大衛・羅伊（David R. Loy）在《金錢、性、戰爭、業力：佛教革命筆記》（*Money, Sex, War, Karma: Notes for a Buddhist Revolution*）一書中說得很好：「時間並不在我自身之外，與其說我在時間、空間之中，更精確的說法是：時間、空間在此時此地的作用成為我。」當此時此地都被我們真實的經驗著，我們就會看到「Kairos」時刻，它並沒有起點或結束，所有的時間都同時並進——而除了此地，不存在他處。

這就是猶太拉比亞瑟・格林在《基本猶太教》中所描述的：「一個內在的『場所』，在那裡，普通的線性時間序列不復存在。」當時間只代表了現在，對未來的擔憂和對過去的遺憾，都無法進入我們的腦海，所有這些都已經坍塌崩毀，形成「唯一、總是、已經、這個」（only-always-already-this），我們進入了開悟的法門：從恐懼、渴望和後悔中解脫。

了解我們人生做選擇的時機，是一項複雜難解的任務。弗吉尼亞・吳爾芙在她的小說《海浪》（*The Waves*）的筆記中寫道：「生命如同浪潮，不斷翻滾、打磨、臻至圓滿，與瑣碎的事件無關。」舉例來說，某個時間正好符合我們想要長期獨處的需要，卻剛好碰到我們的結婚紀念日，因此，我們沒有準確理解這個時機，也沒有遵從它，反而是根據「事件」採取行動，即使那些事件與我們內在的時機並不保持一致。

在莎士比亞的《凱撒大帝》劇中，我們聽到：

人事如潮起潮落，
應當順勢而為，迎向機運，
一有疏失，他們終其一生的旅程，
都將擱淺在苦難之中。
漂浮在這洶湧大海上的我們，
要趁勢乘浪而起，
否則將錯失良機。

這段話提醒我們，機會之窗非常有限，「順勢而為／否則錯失良機」這幾句話都警告我們打鐵要趁熱。

我們可能會為曾經錯失一個唯一的機會而感到遺憾：「我當時就應該採取行動。」然而，當時機尚未發揮作用時，是不可能辦到的。我們不需要斥責自己在時機的警鐘還沒有響起時蹉跎猶豫，只有在時機來臨時，我們行動的駿馬才該奔騰——然而世事依舊難以預測。

最後，我們體會到佛教的開悟終究是不受時間限制的，在永恆的當下，它總是／已經是真實的：

此身即為佛，
此刻即永恆，
此地蓮花天境。

——白隱慧鶴（Hakuin Ekaku），日本禪宗詩人

如何遵從時機，往前邁進

我們曾探討過的兩個主題都跟時機有關——在束手無策的事情上停留太久，以及在

可改善的事情上過早放棄，我們現在來審視這兩者。

關於停留過久的問題，這裡有一些方法可以讓我們對事實敞開心扉，接受是時候放下那些無可救藥的事了：

◆當我們的否認能力被困境中不可否認的事實所淹沒，就是時候承認我們的立場站不住腳了。於是，我們建立起向現實屈服的能力，而不被幻想中的現實所阻礙。用「就是這樣了」取代「如果我繼續等待，也許它會變得更好」。

◆有時我們可以無視時機：「想做就去做！」例如，我們在工作中要求加薪時，可以表現得好像已經做好準備，即使心裡仍然懷疑自己、或害怕得到否定的答覆。猴子般的時機，最終還是會向勇猛的獅子謙卑的鞠躬。

◆對已經準備好要改變的事情說「是」，是遵從時機的核心態度。達格・哈馬舍爾德（Dag Hammarskjöld）的著作《標記》（*Markings*）中有一段話，充滿啟發的說明了這一點：「我不知道是誰（或什麼）提出了這個問題，我不知道它是什麼時候提出的，我甚至不記得自己有回答過，但在某個時刻，我確實對某人（或某物）說了『是』。從那一刻起，我確信存在是有意義的，也因此，我的生命在臣服這方面有了一個目標。從那一刻起，我明白『不回頭』和『不要為明天憂慮』是什麼意思。」會讓我對繼續前進說「是」的原因，很大一部分是因為承認作為一個人，總是會伴隨著不安感，這不是一種病態或懲罰，單純只是天性，人生的旅程就是要承擔許多不安，而它也是不斷變革的徽章。

◆其他人可能會無視我們的時機，鼓勵我們採取行動。一位好的體育老師，會比我們自己更信任我們的技能程度，他會鼓勵我們為團隊出戰，即使我們自己不覺得、或不相信自己已經準備就緒。

◆在頭腦介入之前，我們的身體就知道時機成熟了，反之亦然，有時，我們的頭腦比身體更早知道我們準備好了。

◆有時跌至谷底，反而是時機顯現最好的時刻，我們的修行就是從深谷底層遠眺希望的誕生而開始。

◆任何狀況或情境都能觸動機會，讓「啊哈！」時刻發生，值得往前冒險一試，這是恩典（生命天賦的禮物）展現力量最佳的例子。當我們尊重恩典時，我們也尊重時機。

◆我們求助於一種超越小我的力量，並找到一種相當於那份力量的內在資源：「除了少數例外，我們的成員發現自己已經接觸到一種意想不到的內在資源，他們認為這種資源，是一種比自己更強大的力量。」（匿名戒酒會）

如何遵從時機，留在可改善的狀況中

對於我們的人際關係、工作、承諾、地點等等，我們可能會想知道，自己目前的處境是否可以改善？它有未來嗎？我們無法創造合適的時機去了解它，但我們可以敞開心扉迎接它的發生。有一種幫助我們了解的方式是，保持覺察、見證關係中發生的一切，不帶批判的關注自己和伴侶的行為。

例如，我們發現新的伴侶有不尊重我們界線、試圖控制我們的情況，我們可以一次性提出所有問題，實事求是、不以責備的方式，然後去注意是否產生了變化，繼續記錄這一切以及我們對它的感受，然後在與伴侶的對話中分享這一切，注意得到什麼樣的回應。我們可以參與伴侶諮商，並做一些可以鞏固關係的努力，注意伴侶是否也這樣做，同時注意變化是否發生。然後，在見證了所有這些之後，有一天早上我們醒來，就會明白應該留下還是離開。一切順其自然，我們的選擇就像是自然發生，不是強迫或努力而來。時機的鐘聲，會在一種帶著覺知的見證和分享氣氛中響起，而不是嘮嘮叨叨，要別人為我們做出改變，或責備別人沒有改變。

以下是一些有助於在家中或其他地方建立人際關係技巧的練習，每一項練習點出要注意的狀況，而它們都是表示關係值得努力的指標：

1. 我們樂於給予、並充滿信任的接受5A：關心（Attention）、愛意（Affection）、欣賞（Appreciation）、接納（Acceptance）、允許（Allowing）。

2. 我們總是一起尋找更深層次的方式，來感受看到和聽到的訊息。我們會注意投射和移情作用產生的干擾。我們坦率的分享各自的感受、想法和弱點，而且這麼做的時候總是有安全感。我們超越了鏡子迷宮般的互相投射，可以基於現實、帶著覺知看見彼此。

3. 我們一起安排時間，以滿足彼此對愛、意義、幸福、自由和成長等五種人類基本的渴望。我們敞開自己被愛、同時也去愛。我們在關係、工作或團體組織中尋找意義並珍惜它。我們給予對方做自己的自由，無需羞恥、沒有壓抑。我們利用本書中的各種練習，實踐精神和靈性成長所需的一切。

4. 尊重時機指的是，伴侶或同事尊重另一個人最合適的時機，這需要發自內心的傾聽。我們的傾聽指的不僅僅是聽覺，而是參與對方、保持專注和開放，我們體會對方說了什麼、感受到什麼、肢體語言表現了什麼。在我們的關係或工作環境中，提供一個包容的氣氛，在這個氣氛中，對方全然允許去說或去做。

時刻之書

大多數靈性傳統認為，時機超越來自小我的控制，甚至超越一般人類的理解。有一個基督宗教傳統中的例子，可以幫助我們探索時機和準備就緒的狀態。接下來的內容不一定是關於宗教信仰，但對於時機和靈性之間如何相互交織，提供很有用的隱喻。

在〈約翰福音〉（若望福音）中，時機被描述為發生某件事、或做出改變的適當時間點，這個時機被稱為「時候」（hour）。因此，我們常會看見這些表達方式：「我的時候」、「他的時候」、「這個時候」或「某個時候」。這裡舉出七個例子，讓我們沉思這七種表達方式，並以它們為例，幫助我們探究自己個人時機的奧祕。當我們面臨要做人生的決定、甚至找到自己的命運時，我們可能會發現它們很有用。一個不一定擁有基督宗教信仰的人，也可以在這些段落中找到一種原型的、普世的智慧。請注意，以下的經文是以一種生命旅程的形式慢慢推移、相互堆疊而成：

➤「母親，我與你有什麼相干？」耶穌說：「我的時候還沒有到。」（約翰福音 2:4）

耶穌和他的母親馬利亞，參加了在加利利（加里肋亞，位於以色列北部）小鎮迦拿（加納）舉行的喜慶婚禮。馬利亞注意到，新娘和新郎的酒都喝光了，她對他們的尷尬狀況感到同情，於是立刻告訴耶穌他們的困境，知道他可以奇蹟般的解決問題。我們注意到馬利亞並沒有等待適當的時刻才去找耶穌，而是讓現在這一刻成為最適當的時機。對於我們來說，這可以成為我們對待周圍其他人的一種選擇嗎？

耶穌回答說他的時機不對：「我的時候還沒有到。」但她無視他的說法，她一言不發的轉過身去，讓僕人們「照他說的去做」。然後他把水變成了酒。

在這裡，我們看到了神聖女性的原型，她擁有支配時機的力量。接著，再讓我們看一個具有異教情境的例子。古羅馬哲學家阿普列尤斯（Apuleius）向女神伊西斯（Isis）祈禱：「神聖的女神啊，祢不斷安慰人們，祢的慈悲滋養了我們所有人，祢像慈愛孩子的母親一樣，關心那些有困難的人。當我們呼喚祢時，祢就在那裡，伸出祢的手，推開

任何可能傷害我們的東西，祢解開了可能困住我們的命運之網，如果星星的運行對我們有任何危害，祢甚至會為我們阻止它們。」★

在福音故事中，當耶穌看到水時，是否意識到時機真的到了？眼見為實，還是眼見為時？馬利亞比他更早知道時機已到，就像有時當球員仍有疑問時，教練卻知道球員已做好準備可以加入校隊。在我們自己的生活中，有時會有人要求、說服、強迫或欺騙我們做出我們認為自己還沒有準備好做出的選擇，很有可能我們確實準備好了，只是自己不知道而已，也可能是時機對智慧或關懷的聲音做出反應。以上所有這些例子，都顯示了我們個人的時機在展現過程中，如何與他人產生關聯，而我們的同伴有時是敲響時機警鐘的人。

➤ 他們想要抓耶穌，只是沒有人下手，因為他的時候還沒有到。（約翰福音 7:30）

➤ 這些話是耶穌在聖殿的奉獻箱附近教導人們的時候說的。可是沒有人抓他，因為他的時候還沒有到。（約翰福音 8:20）

在這兩段經文中，我們都看到了時機的保護力量。耶穌的敵人要等到「他該被捉的

★ 源自《金驢記》（*The Golden Ass*）第 11 章。

時候」——也就是說，等到他準備好面對死亡，才能逮捕他。

我們從當中看到了一個英雄的原型，一次又一次躲開了對手。很明顯，英雄掌握了局勢，只有當故事發展到他有了被俘虜的意願時，才能夠被逮補。我們在《羅賓漢歷險記》中也看到了這一點，他被捕入獄，是因為他被監禁的時機到了。我們在那個故事中也注意到，前來營救的是一位女性、少女瑪麗安，她創造了釋放的時刻／時機，讓羅賓漢為下一次英勇的冒險做好準備。

➤「現在我的靈魂煩擾。我該說什麼呢？說『父啊，救我脫離這時刻』嗎？但我正是為了這時刻而來的。」（約翰福音 12:27）

➤ 逾越節前，耶穌知道他離開這世界回到父那裡去的時候到了。他一直愛世界上那些屬自己的人，並且愛他們到底。（約翰福音 13:1）

這位英雄／救世主接受並擁抱自己的召喚，願意為他人犧牲自己，他已經準備好承受這即將到來的痛苦。耶穌並沒有要求倖免於自己的命運——要求撤消時機。他心甘情願的走向自己的命運，也就是接受自己命運的安排，他甚至展現了尼采所謂的「amor fati」，即熱愛自己的命運，擁抱、歡迎自己的經歷，而不是與之對抗或逃避。這是一種比小我更高力量去信任宇宙的精華展現。

我們看到了接受痛苦和想要避免痛苦之間、自然本性上的衝突。在本書中，我們不斷審視如何才能擺脫痛苦、繼續前進，但在這裡，我們看到一種新的可能性、一種高度的靈性：為了幫助他人、甚至不認識的人而承擔痛苦。我們披戴著自己過去的傷痛這麼做，而且通常是直接走向我們的召喚。苦難本身在召喚：「那麼，到底是什麼讓人無法抗拒的打破了平衡局面，轉而偏向一種異常行徑？那就是一般所謂的使命感：一種非理性的因素，注定讓一個人從群體中、從陳舊的道路上解放出來。真正的人格特質永遠是一種召喚……對於它，你無路可逃。」（卡爾．榮格《人格發展》）

- 耶穌回答他們，說：「人子得榮耀的時候到了！」（約翰福音 12:23）
- 耶穌說完了這些話，就舉目望天，說：「父啊，時候到了！願你榮耀你的兒子，好讓兒子也榮耀你。」（約翰福音 17:1）

所謂英雄之旅，是經歷苦難、進入榮耀的過程。而榮耀（glory）這個詞，在聖經中表示至高的神性，透過精神和肉體上極度的痛苦，我們發現內在的聖杯——也就是內在的卓越、超然，內在的神聖。現在是時候去認知我們不只是身體、思想和小我，我們內在擁有超然的光芒，而現在是時候讓那道光芒閃耀了。當我們遵從生命中許多不同的機緣、時機，那神聖的時刻就會發生。

我們每個人都像耶穌一樣，目睹了人生不同篇章的開展，有些很吸引人、有些令人厭惡，但所有這些關於我們的故事都有必要被講述，或者更確切的說，有必要被充分揭示出來。當我們對自己的神聖／超然本性和命運有了全然的認知時，就不再傲慢，而所有的時機都只是為了這一刻。記得聖女貞德在受審時所說的話：「我不害怕，我就是為此而生。」

凡事都有定期，天下每一事務都有定時。

——傳道書（訓道篇）3章1節

結語

下一步是什麼？

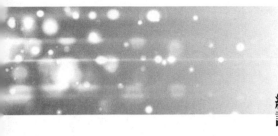

在本書中我們探索了三個主題：在無藥可救的狀況中停留過久、在可改善的狀況中堅持的時間不夠長，以及潛藏在背後並推動兩者的時機奧祕。三個主題中，每一項都是人們生命中的挑戰，會一次又一次出現，而且我們會看到，這三個主題不僅適用於人際關係，還適用於其他方面，如工作、自身定位、組織、情境——生活中任何經歷。

最後，讓我們來看看三個練習，它們可以成為我們持續進行的靈性修行：當我們處於一個無藥可救的狀況時，可以放手並繼續前進。當狀況有可能改變或改進時，堅持到底。隨著宇宙運行的時機，讓自己準備就緒。

讓自己放手、繼續前進的呼吸練習

吸氣，頭部稍微向後抬起，然後開口說或在心裡想：

「讓……（這裡可以填上任何你正在面對的事）」

吐氣，頭部略微向前低下，然後開口說或在心裡想：

「放下。」

然後注意在呼吸之間，自然發生的輕微停頓，在那個停頓中放鬆。

再次吸氣，頭部稍微向後抬起，然後開口說或在心裡想：

「讓……」

吐氣，頭部略微向前低下，然後開口說或在心裡想：

「往前。」

重複這樣練習三次，如果你願意，可以做更多次。

請注意，將頭向後抬起時，感覺就像允許某些東西進入並穿過你，我們抬頭表示同意，表示允許，我們後仰表示迎接事物進來。

向前點頭就像是允許自己放手、繼續往前邁進，它也像是一個鞠躬行禮，面對神聖——我們內在的覺悟智慧，或任何你所選擇的力量。

這種練習是一種身與心的體驗，讓你放下過去、迎接未來。你坐在當下，欣然、優雅的從過去走向未來。

當有成功希望時選擇留下的練習

在大自然中找一個地方，安靜的坐在那裡至少二十分鐘。

細細沉思以下五種禪修的特質以豐富你的修行：

獨處、靜默、靜止、柔軟、安住。

禪修的「獨處」並不是孤立，而是獨自處在當下，並保持與所有眾生的連結感。的確，我們靜心冥想的時候從來都不是一個人，我們與世界各地、在同一個時刻靜心冥想——與受著苦的所有人融為一體。

「靜默」就是放下言語、想法和各種念頭。然而，當我們靜靜坐在大自然中時，並不表示完全沒有聲音，我們允許所有自然的聲音從我們身邊經過或穿過我們，而不試圖沉迷或拒絕它們，在這樣的狀態中，靜默就是放手。

「靜止」不只是保持不動，而是擁有一種內心的平靜。沒有焦慮或擔憂，我們只是靜靜的待在這裡，扎根土地，我們安靜的坐著，對周遭運行的世界保持警醒，讓深刻的寧靜發生。

「柔軟」是對事物的本然敞開，以便讓我們自己內部和周圍的力量可以浸滲擴散，不再因反對改變而緊繃。我們在心靈、思想和身體上感到鬆弛和輕鬆，現在我們可以讓光穿透。

「安住」是全然的處在當下，待在此時此地，如其所是，不嘗試去學習或尋找任何東西。我們相信，只要保持安住，就可以讓自己敞開，然後自然而然會看到下一步，它自己會以一種來自我們內在或周圍聲音的召喚形式顯現，就像亨利．大衛．梭羅（Henry David Thoreau）所寫的：「你只要在森林中某個迷人的地點，靜靜坐上夠久的時間，所有森林裡的棲息者都會輪流向你展示自己。」

讓自己準備就緒的練習

我們順應宇宙的時機，願意去傾聽、並觀察當下我們所面臨的事物。有一種可以培養我們就緒狀態與適當時機產生一致性的練習，那就是感恩。

我們可以將自己的生命分成不同篇章來審視，每一章都有不同的事件和人物，各自突顯它們的特色，我們把這些都寫在日記裡，然後查看所寫的內容，找到貫穿所有篇章的主軸，它會顯示出我們應當去做的事。例如以下這些事項：試著找到關心我們的人、滿足童年時期的需求、尋找生命的目的、試著把握或避免某些事情、扮演一個角色、滿足別人對我們的要求、找到我們真正的自我。

一旦找到了統一的主軸，就可以特別注意三個主題：在生活中，有哪些時候我們停留過久、哪些時候又停留得不夠久，以及哪些時候我們沒有依照正確的時機採取行動或不行動。以上這三者，都是我們生命主軸上，需要突顯出來的重點。

我們不為已經發生過的任何事來批判自己，也不會責怪他人，不在遺憾中糾結，相反的，我們在每次經驗中，找出它要送給我們的禮物。我們相信發生的一切都會帶來好處，而對於每一次經驗，我們都說聲謝謝，感謝因為自己停留時間過長或停留時間不夠而得到的恩典。

我們感謝時機和自己的準備就緒——甚至也感謝自己沒有做好準備。我們看到了生命主軸如何在所有發生的事情背後主宰著，我們也對此表示感謝。

事實證明，我們生命故事中的每個事件和人物都很重要，甚至可說是必要的，因為有了它們，我們才能夠面對目前生活和人際關係中正在發生的事情。

我們堅信自己將改變生活中所有已準備好要改變的事物。

我們堅信自己將留在生活中已準備好改善的事物身邊。

我們堅信自己會順應宇宙的時機，在它邀請我們的時候準時到達。

最好的時機就是現在、當下、這一刻，而你，就是那個說「是」的人。

後·記

完美的過去，令人焦慮的現在——一個幽默的故事

像灰姑娘、白雪公主和睡美人這樣的童話故事，給我們的印象是，等待或保持不動就會有回報。事實上，故事主人翁被指示不要離棄那些無可救藥的狀況，同時也得到這樣的訊息：如果等待的時間夠久，救援就會到來。當然，救世主總是「他」，受害者則是「她」。但在接下來的故事中，我們可以發現另一種選擇。

在她四十歲生日的黎明，「白雪皇后」剛剛從位於宮殿地窖中、她繼母的實驗室裡出來，眼皮沉重、睡眼惺忪。她在那裡辛勤工作了一整夜，研製出一種新的藥水，可以一勞永逸的終止「白馬國王」的風流韻事。

他們結婚之後不久，白馬國王就開始了他那可厭的長途旅行習慣，而且從未說明目的地。他搞消失的時間最短是一個月，最長達六個月，而且從來沒有和她在兩人的愛巢「白馬雪堡」裡連續待上三個月以上！當白雪皇后詢問他這樣來來去去在忙什麼時，他

的回答總是這樣的：「我去巡視那些遠方的領地，會見那些監管人，賣掉一些家族產業。」而最近一次他的回答是：「我在遙遠的豌豆國尋找一個特別的禮物，為了妳特別的生日！」

「絕對會很特別！」白雪皇后一邊踏著看不到盡頭的石階、回到她位於塔樓頂的住處時，一邊這麼想著。因為今晚，在她的生日宴會上，國王將用一杯摻有她特製魔法藥水的酒向她舉杯致敬，那是她用鵲舌、鼠血、狐毛、蝙蝠糞等成分精心調配而成，將會讓他精神恍惚，然後，他會像多嘴的鳥鵲般談論自己對她所做的各種（鼠輩般的）背叛行為，他那些祕密的出軌行為再也無法（如狐狸般）狡詐的逃過她的雷達，然後，他將永遠成為一個盡職盡責的丈夫，再也不想去「漫遊」。

直到現在，白雪皇后這輩子都無法完全了解他的背叛。她總是太輕易相信別人的動機是正直的，要不然，她怎麼會相信繼母那些掩飾邪惡的偽裝，直到最後甚至讓仇恨的蘋果奪走她無辜的生命。而現在，她又以同樣的方式一直信任著她的丈夫，儘管最深處的直覺總是告訴自己事實並非如此，但只要她持續否認自己的直覺，就不會採取行動，她的確已經身陷僵局了。

白雪皇后多年來的孤獨和被遺棄感，無疑給她帶來沉重的負擔。從前還有七個小矮人作為她的支持力量，然而現在，他們之中只剩「抱怨鬼」留下來。許多年前，白雪皇后就知道不能將自己的祕密託付給他，因為他總是對她說教、責罵或讓她感到羞愧，只因為她懷疑那個讓她起死回生、從此過著幸福生活的迷人伴侶，但白雪皇后仍然深愛著這位愛發牢騷的老朋友。

每當在外漫遊的國王返回白馬雪堡後，皇后都會翻遍他的馬鞍袋、行李箱和錢包，尋找任何關於他神祕行蹤和與人共度春宵的線索，同時也希望能夠找到他忠誠的證據。白雪皇后總是既想知道、又不想知道，然而，無論她多麼孜孜不倦的尋找，永遠找不到任何確鑿的證據，或任何私通的跡象。

這麼多年來，她只發現一件不尋常的東西：有一次，從他睡衣的褶皺裡滾出一顆綠豌豆。「他在別處洗衣服，當然不會像在家裡那樣小心謹慎。」白雪皇后哼了一聲，然後不再多想了。

與此同時，白馬國王從皇后侍女的低矮床上站了起來，並沒有意識到他那位天真的妻子已經開始對他產生懷疑。國王早就覺得這個侍女的魅力令人難以忘懷，雖然他根本記不得她的名字——即使他現在知道了。他頗為沾沾自喜，終於如願以償的睡了八位侍女，而他的妻子卻渾然不知。他這一生擁有魅力四射的容貌、談吐、舉止，讓他很輕易的就能在女人心目中佔有一席之地，他的征戰功績——如果如此輕易到手也算得上是征戰的話——種類繁多，不勝枚舉。他永遠不會只滿足於一個故事，他必須成為許多故事的一部分，每個故事中都扮演一個不速之客，成為每個少女嚮往的白馬王子。

事實上，在他們度蜜月時，白雪皇后就曾嗔怨的問他，為什麼他花了這麼長的時間才來親吻她、讓她起死回生。土地、財產、監管者——他說了所有理由，就是沒有提起自己倒臥在年輕長髮姑娘們的手臂和秀髮間的那些狂喜歲月！白馬國王心想：何必傷害像白雪皇后這樣天真無邪的人的情感？又何苦阻斷自己無憂無慮、美酒、女人和謊言的生活？

此外，對於白雪皇后這個總在等待的第一夫人來說，他不總是會回來嗎？白馬國王笑著說起自己每年暗地裡開白雪皇后的一個玩笑：他總是會帶回一段新戀情的紀念品，作為生日禮物送給她！他這樣做有兩個原因：第一，他可以背叛所有的情人，偷走她們心愛的東西，送給他的妻子。其次，他可以巧妙的向白雪皇后透露，自己實際上是「每個」童話故事、而不僅僅是她的童話故事中的白馬王子，從而讓自己問心無愧。這是他承認不忠的方式，而她的沉默（儘管帶著疑惑）對他來說就像是默許！

今天中午，他將會把最新的禮物放在她房間門口，這是他一貫的作風。

當白雪皇后今天早上終於回到自己房門前時，她的侍女們（少了一個）來向皇后問安，對她鬆垮的眼袋和凌亂無光澤的頭髮感到非常吃驚。她們慌張的提醒她，必須保持最佳狀態，參加稍後從城堡行進到白雪聖母大教堂的遊行隊伍，一個小時後，大主教將在那裡舉行莊嚴的彌撒，以慶祝她的生日。白雪皇后想像了一下等著她的漫長儀式、那些阿諛奉承的教士們無盡的諂媚討好，以及誠心跪在她身邊的丈夫，突然傲慢的拍拍手，將侍女們趕出寢宮，砰的一聲關上門，對她們喊道：「告訴大家，今晚宴會之前，我不會參加任何儀式，也不想被打擾！」

白雪皇后既疲憊又如釋重負的嘆了口氣，她的目光恰好落在一個由雪松木和玻璃做的陳列櫃上，那是小矮人為她製做的結婚禮物，裡面放著白馬國王每年送的生日禮物，那些禮物一直讓她迷惑不解：一張柔軟的床墊、一雙水晶鞋（只穿過一次）、一個絲綢枕頭（一個年輕女孩曾枕著它沉睡好久）、一個變成黃金的草編籃子、一個聞起來有青蛙味道的金球。她知道國王很快就要獻上今年的禮物，然而現在她實在太睏了，無力推測可能會是什麼。她躺在床上，在這張床上，白馬國王的魅力很少讓她神魂顛倒。

現在她的心因悲傷而顯得沉重，還有同情——對他們兩人的關係。她陷入了遐想，在其中，她想起了母親在她出生前寫的一首詩，多年前，白雪皇后在一個舊箱子裡找到了它，並牢記在心底：

我知道也不知道。
我信任也不信任。
我用雪填滿每一個空白。
我一無所知，所以不能離去。
動彈不得，庸庸碌碌。
只能嗚咽，無法怒吼。
我想要最完整的事實，
但卻得不到它的全貌。
我心裡已認定：
想要真相，卻總是扭曲不實。
動彈不得，庸庸碌碌。
只能嗚咽，無法怒吼。
遷徙的大雁，你認得如何前往

夏天充滿陽光的聖地，
在一個寂寞的日子來找我，
讓我像你一樣起飛！
然後從困境中脫出，
迎向光，迎向奇蹟！

白雪皇后很快就在她的綢緞被子上陷入遲來的睡夢中。不久，夢中的她發現自己正盯著一面舊鏡子，鏡子裡，她看到的不是自己，而是年老的繼母！白雪皇后繼續注視著，很快就驚訝的發現，老王后那張殘忍的臉龐因淚水變得柔和了，透過這些眼淚，她目不轉睛、甚至帶著慈祥的看著白雪皇后。

「不要害怕，我的孩子，我知道妳的感受和痛苦。當妳父親出國旅行時，我在這座大房子裡也很孤獨，我也從來不想知道他的祕密生活，漸漸偏執於讓他只想要我一人。這就是為什麼我不能容忍在這個屋簷下，存在著威脅我的美貌的對手，所以我想殺了妳，殺了他在這裡所愛的一切。到時候，除了我，再沒有誰可以吸引他回家。我對你的嫉妒，讓我很容易就忘記，自己對他來說永遠不夠，哦，是的，他是一個足以贏得上百個女人的男人，但無法只與一個女人生活在一起！這是那些拒絕認識婚姻真相、變得冷酷和痛苦的人所築起的城堡，而妳現在成為了它的皇后！」

當繼母的臉開始消退時，白雪皇后聽到她低聲說：「這面鏡子裡藏有一個神奇的答案，提出妳的問題，我的女兒，記住我、我的悲傷，以及我對你的補償。」

白雪皇后現在驚訝的發現，鏡子裡除了一張過早起皺紋的臉——她自己的臉——之外什麼都沒有。她內心深處冒出一個問題：「我可以求助於誰？」鏡子變得蒼白，然後發出了怪異的光，最後出現一個簡單的圖像作為回應：一個小白雪公主的完美影像，那是小時候的她，在她會說「白馬王子」這個詞之前的年紀。那時她銀鈴般的笑聲是這座宮殿歡愉的泉源，完全滿足了她自己的母親想要一個公主的願望，擁有如雪般白淨的臉、如玫瑰的紅唇、如烏木般的黑髮。

白雪皇后審視著現在的自己和她所失去的一切。

然後，她感到自己的剛強化成潸潸淚水——一種渴望已久的悲痛，感到如釋重負。白雪皇后醒來時，眼中還帶著這些淚水，她終於完全明白：「他永遠不會給我我想要和需要的，除非我停止試圖『從他那裡』得到它們，否則我永遠無法『從自己身上』得到它們。他已經救活了我一次，現在，只有我自己才能讓自己復活。」

當晚，在白馬雪堡舉行的燭光生日宴會上，所有身著綢緞的貴族們齊聚一堂，來向他們尊貴的白雪皇后陛下致敬，對他們來說，她永遠是童話故事中最親愛的公主。一位著名的英國詩人應邀朗誦他那優美的詩句以招待客人，但是每個人都對這場歡慶感到悵然迷惘，因為白雪皇后並沒有出席。當一位憂心忡忡的馬伕悄悄告訴國王，皇后陛下的馬不見了，白馬國王才不安的匆匆離開盛滿食物的桌子和散發著香氣的蠟燭，當他正步出大殿時，只聽見詩人吟唱著：「人們終於展開了朝聖之旅……」

白馬國王擔憂的來到他妻子的臥室，沒有發現白雪皇后，只看到爐石上一個破掉的小藥瓶，和床頭櫃上他送的生日禮物的包裝紙。他神智恍惚的坐在床上，感到既驚愕又懊惱。

從來沒有女人離開他，當然，他也無法相信這個女人離開了他——特別是她身無分文的離開。

那麼她能走多遠呢？白馬國王拿起裝禮物的盒子，發現裡面是空的，白雪皇后拿走了可以讓她一輩子享用不完的禮物：國王的新朋友傑克的金鵝所下的一打黃金蛋！

國家圖書館出版品預行編目資料

關係斷捨離：當相處感到心累，如何留下守候、如何灑脫放手？ / 大衛・里秋（David Richo）著；尤可欣譯. -- 初版. -- 臺北市：啟示出版：英屬蓋曼群島商家庭傳媒股份有限公司城邦分公司發行, 2023.06
面；　公分. -- (Talent系列 ; 56)
譯自：Ready : How to Know When to Go And When to Stay
ISBN 978-626-7257-13-5 (平裝)

1.CST: 時間 2.CST: 決策管理 3.CST: 生活指導

176.233　　112006689

Talent系列56
關係斷捨離：當相處感到心累，如何留下守候、如何灑脫放手？

作　　者／大衛・里秋 David Richo
譯　　者／尤可欣
企畫選書人／周品淳
總 編 輯／彭之琬
責任編輯／周品淳

版　　權／吳亭儀、江欣瑜
行銷業務／周佑潔、周佳葳、賴正祐
總 經 理／彭之琬
事業群總經理／黃淑貞
發 行 人／何飛鵬
法律顧問／元禾法律事務所 王子文律法師
出　　版／啟示出版
台北市南港區昆陽街16號4樓
電話：(02) 25007008　傳真：(02)25007759
E-mail:bwp.service@cite.com.tw
發　　行／英屬蓋曼群島商家庭傳媒股份有限公司城邦分公司
台北市南港區昆陽街16號8樓
書虫客服服務專線：02-25007718；25007719
服務時間：週一至週五上午09:30-12:00；下午13:30-17:00
24小時傳真專線：02-25001990；25001991
劃撥帳號：19863813；戶名：書虫股份有限公司
讀者服務信箱：service@readingclub.com.tw
城邦讀書花園：www.cite.com.tw
香港發行所／城邦（香港）出版集團
香港九龍土瓜灣土瓜灣道86號順聯工業大廈6樓A室　E-mail: hkcite@biznetvigator.com
電話：(852) 25086231　傳真：(852) 25789337
馬新發行所／城邦（馬新）出版集團 Cite (M) Sdn Bhd
41, Jalan Radin Anum, Bandar Baru Sri Petaling, 57000 Kuala Lumpur, Malaysia.
Tel：(603)90563833 Fax：(603)90576622 Email：services@cite.my

封面設計／李東記
排　　版／芯澤有限公司
印　　刷／韋懋實業有限公司

■2023年6月20日初版
■2024年5月 9 日初版2刷
Printed in Taiwan

定價380元

 ISBN 978-626-7257-13-5